闭环

品牌商的新营销之路

李松柏 叶雷 陈茅◎著

CLOSED LOOP

NEW MARKETING ROAD FOR BRANDS

中国纺织出版社有限公司
国家一级出版社
全国百佳图书出版单位

内容提要

本书以新零售环境下的营销操作为逻辑，从方法论的角度来阐述闭环新营销的新框架体系。旨在帮助那些处于迷茫中的品牌商们在急剧变革的当下找到一个适合自己品牌转型和品牌创新的方向。

图书在版编目（CIP）数据

闭环：品牌商的新营销之路 / 李松柏，叶雷，陈茅著. --北京：中国纺织出版社有限公司，2020. 1

ISBN 978-7-5180-6741-1

Ⅰ. ①闭… Ⅱ. ①李… ②叶… ③陈… Ⅲ. ①品牌营销 Ⅳ. ①F713.3

中国版本图书馆CIP数据核字（2019）第219136号

策划编辑：刘 丹　　责任校对：王蕙莹　　责任印制：储志伟

中国纺织出版社有限公司出版发行

地址：北京市朝阳区百子湾东里 A407 号楼　邮政编码：100124

销售电话：010—67004422　传真：010—87155801

http://www.c-textilep.com

中国纺织出版社天猫旗舰店

官方微博 http://weibo.com/2119887771

天津千鹤文化传播有限公司印刷　各地新华书店经销

2020 年 1 月第 1 版第 1 次印刷

开本：710×1000　1/16　印张：11.5

字数：121 千字　定价：49.80 元

序言

新零售对品牌商来讲，到底是不是机遇？

这不仅是个涉及原则性的问题，也是一个涉及品牌商能否顺利转型，整个行业能否顺利转型的问题。接下来，我们就对此问题来做具体分析。

在主流营销学里面，大部分认知都是从品牌商的角度出发，零售充其量只能算是营销价值链上的一个环节。所谓价值链，以前叫作渠道链，而现在人们更喜欢称它为供应链。在传统的商业语境里，品牌商、零售商、渠道商各司其职，分别承担着价值创造、价值变现与价值传递的重任，彼此分工明确，这也使得价值链逐渐变成了品牌商的主体。

但在新零售看来，自己身兼双重身份，不仅是价值的变现者，还是价值的创造者。这一身份使得新零售的眼里只有供应商（生产商），没有品牌商。这是从零售统领商业的视角来看待问题。

从零售角度来说，零售平台实际是在变相“打劫”传统零售商，不仅如此，它们还在“打劫”之际扰乱品牌商原有的价值体系，以至于品牌商不得不另寻他法，重新出台新的产品体系。

说起 B2C（business to customer），恐怕没有人比品牌商更为熟悉了。话虽如此，但在新零售环境的影响下，滋生了两个对品牌商非常有影响力的新物种：一种是像永辉、盒马这样的超市，以及 711、罗森、全家这样的便利店，他们所拥有的“垂直整合能力”使得他们垂直通吃，惹得品牌商羡慕嫉妒恨；另一种是京东与阿里整合传统零售，顺利把 B2C 产品引入了线下。

虽然这两类新物种所引发的流量转移问题不足以给品牌商造成震慑，但谁是价值创造的主体这一点却一定能引起品牌商真正的恐慌。

对于新零售，很多人对其有着颇高的关注度，但谁能想到连接用户→用户在线→用户私有化，才是新零售的核心内容呢？要知道，新零售的逻辑顺序是“人、货、场”，不管何时何地，商业的核心都围绕着人来展开，但这一切只有借助移动互联网才能变成现实。

不管是 App、社群，还是小程序，对于新零售来说都不是问题，因为它早已经拥有了连接用户的超能力，拥有这种能力，便可以轻松实现 C2F（customer to factory）。不可否认的是，谁能够率先实现 C2F，谁就能率先定义用户需求，拥有完成价值创造的能力。当这一阶段的目标实现后，接下来的当务之急就是找寻“按时、按质、按量、低成本”的供应商了。这个找寻的过程，实际就是品牌商被逐步边缘化的过程。

若真的是这样，那新零售统领商业就是一种必然趋势。

所以，新零售对于品牌商来讲，不是机遇，而是“劫”难。未来的商业市场，新零售势必会牢牢占领流量高地，控制品牌商，并进一步挤压品牌商的生存空间。如果品牌商还浑然不知的话，可能就会遭遇被“新零售”卖了还傻呵呵替对方数钱的尴尬境地。

那么，新零售之下，品牌商要如何突出重围呢？

四个字：打破边界。打破边界不仅适用于未来的行业变革，也适用于品牌商，因为品牌商与零售商的本质是一样的，都是消费者的服务商。

从目前市场变革的趋势来看，商品重构与市场重构都离不开品牌商对全产业链的系统规划，包括经营目标顾客、好的终端模式、更有效率的分销模式等方面的系统规划。

所以，对于品牌商与新零售，我们不能支持谁或反对谁，而应想方设法让两者协同发展，保持均衡。

在此契机下，我们提出了“闭环”——品牌商的新营销之路这一理论，为的就是帮品牌商在新零售之下找到自己的营销之路，实现高效率的零售。

那么，“闭环”的新营销框架与传统营销的区别在哪里呢？

主要有两个方面。一是概念体系和内涵的变化不同。“闭环”新营销的分析框架是：场景、IP、社群、传播，其中，场景是产品逻辑，IP是品牌逻辑，社群是连接逻辑，传播是营销逻辑。

虽然“闭环”新营销是一个全新的概念框架，但我们还是可以从中看出4P（指产品，product；价格，price；渠道，place；推广，promotion）的影子。

或许，有人会说：“既然如此，为什么不用‘老词新解’呢？”说起来容易做起来难，传统的营销认知早已形成了共识，与其“老词新解”，倒不如引用新概念区别来得干净利索。

二是方法（工具）的变化不同。人类从猿进化到人，最明显的标志就是人会运用创新思维制造工具，大家可千万不要小瞧了这一变化。

我们写这本书，旨在帮助那些对营销有实践经验的品牌商或对营销感兴趣的人。基于这一理念，本书以新零售环境下的营销操作为逻辑，从方法论的角度来阐述闭环营销的新框架体系。所以，这本书的整体写作方式是模块化的，章节之间独立成篇，合在一起又是一个完整的体系。

换言之，就像是我们日常追剧，单独看一集或是连续看多集，都能清晰明了剧情所要讲述的内容，本书也一样，为了保持章节之间的完整与连贯性，有些内容会多次提及。

所以，哪怕你日常工作繁忙，每天只有 10 分钟的阅读时间，通过导读也能对书中讲述的新营销思路与逻辑有个大致的了解。

当然，如果你想对新营销的概念和细节有一个清晰的认知，不妨仔细研读此书，相信书中的内容一定不会让你失望。

自从 2016 年 10 月，马云和雷军相继提出“新零售”的概念，我的脑海中便开始构思这本书的内容。我希望将自己对商业效率的理解和认知与新零售的概念融合在一起，找寻一个全新的框架，尽自己的绵薄之力来帮助那些处于迷茫中的品牌商们，帮助他们在急剧变革的当下找到一个最适合自己品牌转型和创新的方向。

最后，衷心希望读过此书的品牌商能顺利实现品牌的转型升级，实现高效率的零售，为自己赢得更多的商机。

李松柏

2019 年 8 月

目 录

Part1
闭环思维：品牌商的新营销之路

Part2
坪效革命：从“人”的角度提升品牌商的新营销模式

Part3
科技赋能：大数据助力于品牌商的新营销

Part1

闭环思维：品牌商的新营销之路

第一章 品牌商的新零售之殇

自马云提出“新零售”的概念之后，表面上，整个零售行业都在积极拥抱“新零售”，可实际上，商业话语权已从品牌商转向了零售商，“新零售”对品牌商是在“打劫”而非机遇。所以，品牌商要围绕自己的核心优势，建立自己的闭环，争夺自己的话语权，而非一味地盲目拥抱“新零售”。

新零售对于品牌商到底是机遇还是“打劫”

说到“新零售”的横空出世，原来出自于互联网大咖马云之口，他的一语激起千层浪。那么，如何定义新零售?

对新零售的讨论不绝于耳，这个互联网行业抛出的概念也有了自己的定义——$E=MC^2$，即新零售等于人的二次方与商品之间的积。

可以这么来理解：

新零售是围绕人来开展经营活动，人的场景体验是核心，对人的感受、行为、需求的关注比以往更高。运用到互联网大数据时代的场景下，关注人才能获得高阶的市场增长。过去，我们一直在关注商品的设计、包装而忽略了人的感受，已经无法适应现在的市场需求。

这里关注的人，是广义的，不仅是用户、产业链的前端、后端的合作商，还包括企业自身的人。利用商品来关注人，就是我们在新零售里挖掘的价值。

定义的公式只是一种符号的表现形式，M 代表着商品，而 C 代表着人的概念。那么，人的二次方是什么意思？为何要用人的二次方与商品相乘？我想，人的二次方是强调人在这个概念里的权重，乘积说明关注人的结果是几何倍数的增长。

那么新零售这个概念提得有道理吗？是发展趋势吗？新零售对于品牌商到底是机遇还是“打劫”？

下面，我们通过盒马鲜生的案例来厘清这个话题，让更多的品牌商看清当前的终端变革环境及未来的变革趋势，也使一些平台企业、新零售企业看清品牌的所思所想，共同探讨正确的行业转型方向。

【案例：盒马鲜生超强自采能力，超过品牌商，实现高毛利率】

新零售这个词从一出生就自带光环，互联网大咖们从原来在线上杀得风生水起，开始将眼光转移到线下市场，重点是布局生鲜。一时间，阿里的盒马鲜生、腾讯的每日优鲜、永辉的彩食鲜等，利用互联网优势快速占领高地，生鲜市场“硝烟弥漫”，似有三足鼎立之势。

相对于其他品牌，盒马鲜生起步较早，背后有阿里巴巴作为坚实后盾，已经形成品牌旗舰。盒马鲜生快速发展的同时也暗藏着品牌商的痛点，危机一触即发，盒马鲜生的前途存在很多变数。

盒马鲜生作为阿里家族的成员，从出生开始就自带光环。距离门店 3 千米内的用户下单，30 分钟内免费送货上门，没有起送门槛，用户不满意还能无理由极速退款，估计也没有别家敢这样承诺。

盒马鲜生的亲民承诺一推出就聚集了大量的注意力。尽管可能有人不相信盒马鲜生，但盒马鲜生的足迹已经遍布北京、上海、广州等多个一线城市。在一线城市中，北京布局 10 家店、上海布局 18 家店，覆盖率已经相当高，如果按照这样的发展速度，不久的将来盒马鲜生将会全国皆知。

我们知道，国内普通的超市综合毛利率一般在 10%~12%，盒马鲜生却能达到毛利率 20% 左右。比如盒马在上海开的第一家门店，它的综合毛利率竟然能达到 18%~23%。你一定会问，盒马鲜生综合毛利率这么高的秘密在哪里呢？

众所周知，毛利 = 销售收入 – 进货成本 – 运营成本。假如商品销售价格比别人低而运营成本差不多，要想毛利率变高，就只有以更低的价格进货。

这取决于商家的进货成本控制能力。

从目前新零售发展的全方位来看，除了技术领先，大数据云计算的运用、人工智能系统的应用、国际化物流配送能力等匹配之外，评价一个新零售企业能力的很关键的一点就是供应链的把控能力。

将来新零售的争夺肯定是从最前沿的供应链启动的。从盒马鲜生的店面来看，它经营得很好，说明商品价格实惠、新鲜、品质高，也就是说商品物美价廉，满足老百姓的需要，其供应链管理能力强。

那么，盒马是如何管理供应链的呢？

它的绝招，就是给供应链充分授权。盒马如果仅仅满足顾客需要，提供商品，这只做到了第一步，无法保持价格竞争力。但如果对供应链合理授权，再结合现金采购、线下、线上双路并举，就会使其持续赢得超于市场的价格竞争力，而且还能确保生鲜的供应质量。

例如，盒马从原产地采购水果、蔬菜，在第一时间就地将大部分生鲜包装好，变成标准化商品，从而避免了许多中间环节的损耗，降低了采购成本。通过给供应链授权，将损耗控制在供应链前端，这就是新零售与传统的商超散卖方式最大的不同，其效果差异很大。

盒马鲜生之所以能弯道超越，主要是从一开始就着力打造前端供应链能力，从某种角度来看，盒马在做苏宁、国美以前做的事情，眼里只有用户端和供应端。那么，品牌商如今面临的选择又是格力当初面对的选择。

如果品牌商变成供应链的一部分，缺乏各种数据支撑，就会被牵着鼻子走，丧失主动性。数据的价值和意义在于它能够洞察消费者，能够更好地提升效率，包括选品、选址。

看了盒马鲜生的成功案例，不难看出新零售对于品牌商来说就像抢劫，新零售掌握着供应链，品牌商的生存空间在新零售环境下越发狭窄。

下面，我们就解释一下为什么说“新零售是在打劫品牌商”。

商业话语权从品牌商转移到零售商。

传统营销研究基本是站在品牌商角度的。我们说，零售是营销的一个组成部分，更专业地说应该是营销体系中的一个链条，过去称为渠道，今天我们定义为供应链。

这个供应链上有品牌商和平台商，平台商又分为大宗批发和零散售卖，每个链条都有自己的前端和后端。一般意义上，品牌商是提供价值商品的，平台商是提供流通渠道的。

品牌商聚焦的核心是增长，就像可口可乐的首席营销官改名为“首席增长官”，这里的增长指的是价值增值，不是单纯的业绩增长。业绩增长只是价值增长中的一部分。

而平台商关心的核心是效率，包括抵达用户的效率、场景体验的效率、信息传递的效率（图 1-1）。

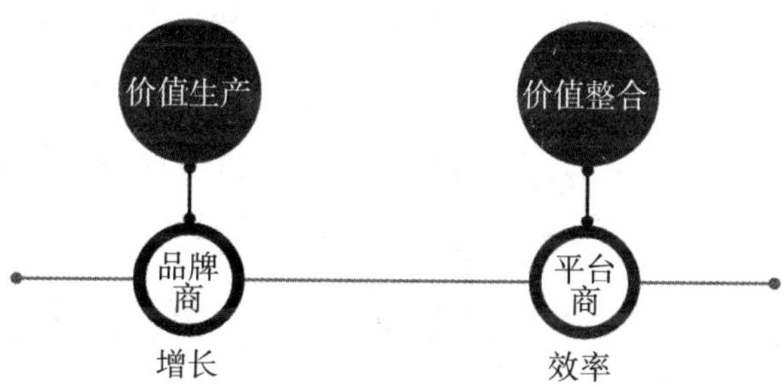

图1-1 品牌商与平台商所关心的不同点

如今的零售商，很多已经规模化发展成为零售平台，它们的定位也早已不是传统意义上供应链中的一个组成部分了。

如果说是零售平台，那么像“跨界打劫”这种事应该就会稀松平常。

平台里，不论供应链怎样复杂，永远只有两个身份存在：用户和供应商。供应商有的是品牌商，有的是经销商，不管品牌大小，在平台里都是供应商。

专业研究机构称，新零售的内涵是无限制地坚持为用户提供超出期望的感受。如何理解这句话里的四个关键词——“无限制”“坚持”“超出期望”“感受”？

首先是“无限制”满足顾客，然后是超值，这里提到的“感受”，涉及商品、服务和体验以及过程。无限制坚持，超出顾客的期望去满足，让顾客陶醉其中无法自拔。

零售商贴近用户，自然可以掌握市场主流方向。零售平台的思维主要就是增加顾客黏性，限制供应链后端。线下平台是收取租金和场地费，线上平台则是收取虚拟空间的租金，附带广告费。

旧零售渠道主要是商铺，商铺位置固定，启动成本较高且受区域所限，因此传统零售商的影响被控制在一定范围内。而新的移动支付技术和新的场景应用让新零售商家可以开发出更多手段来吸引顾客到店，某种程度上说可以拥有无限流量的顾客，零售平台的“无限制抢劫”成为现实。

品牌商花费了将近十年的时间，培养经销商从等客的“坐商”变成动起来拉客的“行商”，来达到产品直达用户的时效性。而新零售，似乎在眨眼间就可以直接平台引流，与经销商曾经“行商”的效率简直不可同日而语。

传统供应链的竞争形态被打破，新的竞争正在形成，这次的主要焦点是品牌商和新零售平台之间的较量。两者竞争的核心是对客户端流量的控制权和对用户导向的话语权。

在竞争过程中，新零售平台真的是技高一筹，占了先机，不仅有贴近用户的优势、移动支付技术优势、渠道融合的优势，还有新技术应用、大数据信息的优势。很多品牌商确实还没从传统的思维方式中解脱出来，就不明不白地上了“新零售”的船。

不少品牌商思维模式陈旧，还停留在拿经销商当用户，把零售商当顾客上，跟真正消费者的距离已相隔万里，零售市场的反馈信息要传递到品牌商那里，需要经历采购、经销商、一线销售、市场部等诸多流程。

很多品牌商的决策依据都是时间滞后、信息混乱的，甚至信息在源头就被错误传递，以至于后期各个环节的层层出错。

但我们还是应该看到品牌商的秘密武器，即在商品供应链条中，它承担了商品价值的创造者角色，渠道、零售平台可以为商品增值，但不能代替品牌商创造产品价值的核心地位。

这也就是新零售为何首先从生鲜、快消品类商品下手，而不是瞄准之前电商平台火爆的电器、服装的原因。

因为生鲜、快消品，首先消费频率高、用户范围广，容易产生用户黏性；其次生鲜品类，大多品牌影响力不强，品牌商跟用户心理距离比较远，是最容易争夺的地方，更方便零售平台在竞争中抢得先机。一旦平台流量起来了，就可以去跑马圈地其他品类了。

供应链应该是合作关系，但在供应链发生主要竞争形态改变时，任何一个平台成员都会因此进行再次整合，竞争更大的话语权，争取更大的收益。

新时代背景下，新零售是互联网大咖们倡导的新经济模式，当然也最容易形成零售平台控制权。品牌商如果按照这个思维模式运营，无疑是自取灭亡。

所以，新零售，对于品牌商来说是在“打劫”，而不是机遇，品牌商要围绕自己的核心优势争夺自己的话语权。

开环VS闭环孰是孰非

既然新零售对于品牌商来说是在“打劫”，那么，在新零售时代品牌商的出路在哪里呢?

要解决这个问题，我们必须要弄懂这本书的核心观点是闭环，但要弄懂什么是“闭环”，我们首先要清楚什么是“开环”。

什么是开环

开环，顾名思义就是把之前已经形成固定线路的节点，全部破碎、揉烂，让外围的、内部的都整合在一起，每一个人都是供应链节点中的一个环节，大家可以根据自己的方式来重新配置，当然这种重新结合可以是多种形式的。

比如我们熟悉的谷歌就一直在乐此不疲地给亚马逊创造用户流量。用户如果在谷歌上搜索商品信息，就会从搜索链接直接进入亚马逊平台。

而谷歌在整个供应链中只是起到了一个用户流量入口的作用，这么做的收益依靠广告费来支持，而商品发布、交易完成、用户互动等，都在亚马逊。

谷歌一直没有提供一个完整的线上购物体验，这就是所谓的“开环”。开环是简单重复，比如你的店铺要依赖大众店铺、依靠数据才能生存下去。

什么是闭环

持续变化需要叠加，一种是开环的叠加，一种是闭环的叠加，开环意味着不断重复，闭环则可以几何级数增长。

下面通过一个案例来详细说明。

【案例：星巴克咖啡闭环营销，让你无法拒绝】

有一天，张小姐想去星巴克喝咖啡。因为是第一次来星巴克，所以，服务员特意赠送了她一张感谢卡，并提醒她，为了感谢她来星巴克，专门赠送一杯美味咖啡，明天就可以来免费喝星巴克咖啡。

可能因为工作忙，张小姐连续三天都没有时间去喝咖啡。第五天的时候，星巴克店员联系了张小姐，提醒她，免费咖啡附加赠送了一张松饼券。

张小姐还是没时间去，恰巧出差到另一个城市，张小姐想到了星巴克赠送的免费卡，于是，在一家星巴克，张小姐享受到了免费的咖啡和松饼。

事情并没有结束。当服务员送来咖啡和松饼后，又对张小姐说："感谢您第二次光临星巴克，本周星巴克有个'喝咖啡赢大奖'的活动，全国联网。"因此，张小姐就在后面的连续几天，都选择了去星巴克喝咖啡，并有幸得到奖励。

这时，星巴克又奖励了张小姐一枚勋章，凭此以后都可以享受八折喝咖啡，条件是张小姐每周必须去星巴克喝一次咖啡，才能保证勋章持续激活。

接下来，张小姐每周都会坚持去星巴克喝咖啡，这已经成了张小姐的生活习惯，张小姐成了星巴克咖啡的忠实粉丝。

上面案例里星巴克的做法就是一个很典型的闭环。

在这个案例中，星巴克在与张小姐建立了第一次联系后，关系并没有戛然而止，而是迅速接着给张小姐一个更有吸引力的优惠，接二连三，每一个都是上一个的升级版……这个过程，也是一个关注用户→迎合用户→刺激用户→加倍满足……环环相扣、循环上升的过程，也称之为闭环。

由此，我们就可以为闭环下这样的定义：闭环有自己的数据，有自己的 App 等独立的终端，能形成指数效应。

线上、线下数据的闭合形成闭环

我们看到，谷歌充分利用“谷歌云”服务打开数据平台，直接和零售企业达成联盟，帮助所有零售商实现“智能场景”升级。谷歌云平台提供庞大的数据存储和分析资源，并开启谷歌强大的机器学习入口。

新零售架构下，传统商家可继续升级应用，从而更迅速地实现闭环。比如，所有的商家库存数据信息都可交由谷歌云控制，可以实现智能仓库、流量预测等功能，方便商家提前准备货源。

同时，谷歌还展示了智能换衣间。进入换衣间后，平台数据会自动浏览顾客选择的商品，并在换衣间镜面上显示相关信息。顾客需要调换尺码，也只需在镜面上直接点击，工作人员很快就会将合适的尺码拿来换衣间。顾客选择到合适的商品后可以直接在换衣间完成支付，整个过程非常人性化。

为什么互联网企业开始高度关注线下市场?

核心就是“数据”——这是经营活动科技化、智能化的重要依据。过去，谷歌单纯依靠用户的线上数据，整个营销系统是缺失的。如今，通过“谷歌云”平台和零售商线下联盟，成功获取宝贵的线下数据。有了线上和线下的融合打通，实现了大数据闭环，真正满足了用户的需求。

通过上文开环与闭环的概念，我们总结出下表，简单直接地让你明白开环与闭环的区别所在。

概念	经营模式	核心价值	用户感受
开环	不断单一重复	线下商家数据	线上体验缺失
闭环	循环升级	线上、线下数据整合	高度关注用户，超值满足用户

品牌商的自闭环

在上一节里讲到了“闭环”，那么，品牌商应该如何完成自己的闭环呢？

其实，实现品牌商自己的闭环，无非是在两个方面下功夫，一是打通线上、线下数据，可以实现真正意义上的关注用户需求；二是打通渠道营销，就是更新思维，形成供应链自闭环。

数据打通，精准定位顾客

新零售是最大化关注用户场景体验，借助互联网大数据平台技术提升交易效率和供应效率。最终结果是提升线下交易的效率。从数据整合上分析，把需要的商品配置给适合的人群，核心在于充分且精准的大数据记录。

我们发现，数据打通给商家带来的是顾客的忠诚度，客户的消费价值会大幅提升。自闭环营销让消费者可以在移动设备上随时预订、及时购买商品，刺激了多场景消费。

当然，数据打通最终关注的焦点是让消费者能够很快找到所需要的商品，带给消费者个性化、自主化的消费体验。大量的数据可以帮助商家更好地预测、分析消费者，并利用收集到的大数据实现与消费者完美互动。

现在的消费者购买行为很自由，是跨渠道的。有可能进行线上购买，也有可能在实体门店体验成交，还有可能受到其他渠道的影响进行购买。

消费者的购买行为无法做单一判断，发生了根本变化。购买行为不再局限在某一固定渠道，可能从多个渠道购买商品，较过去更加场景化，商品内涵对于消费者来说更加重要。近八成的消费者希望从线上、社交媒体、移动支付、线下实体店等多渠道体验同质化的商品，可以在不同场景获得同样的购物体验。

所以，真正满足消费者购买欲望的商品才能吸引顾客的眼球。数据打通，会使商家不遗漏任何一个潜在的顾客。有统计显示，如果不做数据打通，商家可能会损失 10% 的潜在顾客收入，相当于现在很多品牌商期望的年收入增长量。这也就是说，不涉及自闭环的营销会损失很大一部分收入。

绘制消费者行为路线图，应该成为品牌商数据打通的重点，最终我们会整合出跨渠道消费的顾客偏好。从多渠道收集的数据整合后，可以精准定位每个消费者，能提供细化的顾客偏好信息，从而个性化服务用户，定制营销。

整合的顾客偏好可以发现关于消费者的很多购买行为细节，比如，消费者喜欢通过哪种渠道购买商品，商家推出的哪种活动消费者会及时关注和参与，什么时段给消费者推送优惠信息会取得最佳的效果，哪种价格的商品优惠活动比较能吸引消费者的互动等。

最后我们会注意到一个有趣的现象：顾客偏好由跨渠道中收集的大数据进行整合得来，而整合的顾客偏好又会对自闭环营销的成功形成强有力的支撑。

目前，很多整合跨渠道营销的品牌商还不能完全实现这一点。近八成的全渠道营销品牌可以从渠道平台收集到自己想要的数据信息，而值得注意的是，有一半的全渠道营销执行不好的品牌还没有利用数据平台资源进行整合。

数据打通的价值在于洞察消费者，精准化运营客户，同时还能提升品牌商的产品设计、仓储物流、选址等运营环节的效率。

渠道打通，形成自闭环

打通渠道就是为顾客创造跨渠道的舒适用户体验。不论用户是通过移动支付场景，还是通过线下店内现场交易方式购物，都可以享受到人性化的服务，获得标准的体验感。

跨渠道整合营销还要充分利用智能化大数据，实现与用户有效互动，准确分析消费者的需求和感受，从而描绘出用户的生活场景，有的放矢，在尽可能多的场景下满足消费者的实时需求，有效形成及时互动。

图 1–2 是跨渠道整合营销的 3 点建议。

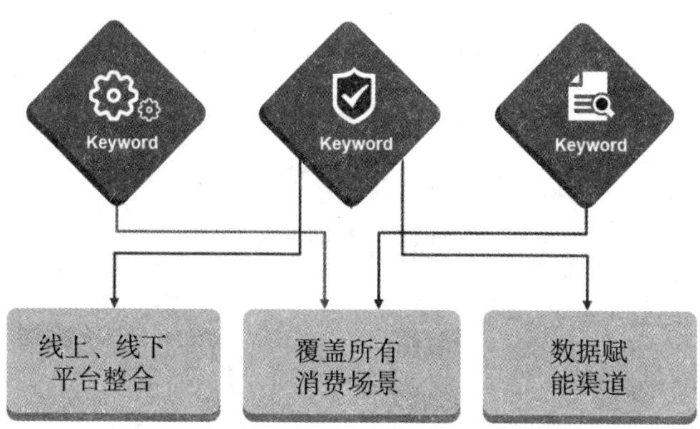

图1–2 跨渠道整合营销的3点建议

下面是跨渠道整合营销的 3 点建议。

1. 线上、线下平台整合

过去的多渠道发展是单一、单向的，无交叉，现在的跨渠道零售，是矩阵式的，互通互联的。利用互联网大数据平台的优势，缩小中小规模商家与大品牌商之间竞争的资源差距，这也是目前自闭环零售最大的突破。

线上平台数据的分享，迅速打破了线下传统品牌渠道长期以来的单一话语权和控制权。新零售推动商家自由选择适合自己发展的渠道，开展整合和融合，针对自身的实际情况，集中优势在合适的渠道上，才能抓住自闭环零售新思维带来的机遇。

不同的发展阶段，不是简单地一网打尽所有渠道去做营销，而应该沉下来，选择企业最适合集中兵力进攻的渠道去做，才能占有一席之地。同时，企业借助平台数据资源，用精准产品设计和独特内涵去打动目标群体，就能获益。

2. 覆盖所有消费场景

之前的渠道营销模式，是顺着供应链逐级打通，最终直达用户。因此，传统的渠道营销思维还是关注渠道本身，而渠道本身具有普遍性，所有人竞争一种资源，结果自然是白热化的。

打通渠道零售的想法，则是要摒弃过去千篇一律围绕渠道营销的思路，变成从资源最佳配置的思路，用最简单快捷的方式，将用户出现的场景与商家最近的配送点进行匹配。

这里就有两个关键的因素，一个是统一价格，线上、线下同一标准；另一个是关于商品的所有大数据信息收集，消费者日常生活的订单数据和商品的配送数据必不可少。

物流技术的发展让商品的传递信息定位成为可能，唯一缺乏的只有商品售后的运送路径。不过现在移动支付的兴起，如手机等移动设备部分解决了这个问题，智能化定位信息的收集指日可待。

不同城市、不同区域甚至具体到单独的小区消费者喜欢购买的商品的数据信息，将与该地区最适合的品牌商进行搭配，而这些大数据信息又能在一个集合平台或者小众平台上进行细分配置，而且用户也能够移动查询。

因为统一的服务价格、统一的舒适体验场景，消费者当然会主动挑选在最适合消费者的消费场景进行交易，这同样减少了商品中间环节的物流和仓储，这就是跨渠道零售的内涵。

3. 数据赋能渠道

我们以前印象中的渠道，结果和效果受人的主观影响比较多，整个渠道环节比较复杂，很多操作主体是人。比如，收集消费者信息主要靠手工填写单据，由于整个收集过程不可控因素过多，不同的人对于结果的影响不同，标准无法统一。

全渠道零售是在互联网大数据信息技术的帮助下，实现商家与消费者跨渠道、多维度的全面交互，同时双方互动的所有行为都被实时记录和采集。

渠道体系内只要有参与双方互动的信息，如仓储、配送、售后、评价服务等，这些过程也都会被记录、收集以及产生结果，对渠道的主观影响基本能消除。

也就是说，全渠道零售最显著的特点就是渠道全面信息化。

发展全渠道零售，就是要突破渠道的进入壁垒，让多渠道之间人流、货流、资金流信息实时共享。消费者出现在任意一个消费场景，都能自由享受选择同质同价商品的服务，而不会因为某个渠道的差异被区别对待；无论是大商超还是小卖部，其实都是消费者的生活消费场景，按照就近、高效、有利等原则合理配置。

下面我们来看永辉超市是如何利用自闭环营销赢得市场的。

【案例：永辉超市移动 App，实现与用户亲密接触】

永辉连锁超市在全国已经建有近百个自营的物流配送中心，并拥有独立的仓库，每个的面积一般在 60~200 平方米。随着永辉微店的投入运营，真正打通了线下、线上渠道，满足消费者随时随地逛超市的购物场景体验愿望。并且微店与实体门店的互动，让消费者只需动动手指，就可以轻松享受一站式网上购物。

因为自营物流配送中心网络，永辉超市就可以为消费者提供便捷的个性化配送服务，永辉的广告语“100% 新鲜，最快 2 小时内送达”，是最大的用户保证。

通过设立微信公众号形成 O2O（Online to Offline）闭环。永辉超市通过建立微信公众号绑定目标用户，通过向忠实用户发放购物优惠券、绑定会员卡等方式与用户及时互动交流。

线下将优惠券发放给用户，将用户引流到超市的移动 App；通过在 App 下载优惠券到实体店使用，实现线上、线下全渠道的互动。此外，App 绑定电子会员卡，方便用户随时查询积分状态，同时利于超市对会员的基本信息进行大数据管理。正是有了会员基本信息和消费信息的整合分析，超市可以更有效地针对细分顾客群体进行营销。

永辉超市整合实体门店、社交媒体平台和移动 App 打通线下、线上全渠道营销模式，为消费者提供个性化的舒适购物体验。

品牌商通过数据打通的优势，可以迅速获取用户群的增加和流量的提升。同时，线上与线下数据的互联互通，数据平台资源也让品牌商掌控了供应链顶端。通过渠道打通，可以覆盖消费者所有体验场景，获得几何式增长。有了数据和渠道的并驾齐驱，品牌商打造自己的闭环可谓手到擒来。

第二章
闭环思维

所谓“认识决定思维，思维决定行动”，品牌商要想在市场上脱颖而出，依靠传统的营销方式已经行不通了，品牌商必须重构自己的思维——用“闭环思维”提高自己的零售效率。“闭环思维”具体包括反馈控制思维、本质思维、第一性思维、复利思维、指数思维、 DCA 循环上升思维这六大思维。

反馈控制思维

我们说要具备闭环思维，首要的是形成一种反馈控制思维。那么，什么叫反馈控制呢?

“反馈控制”这个词最初并不是应用于零售行业，反馈控制的定义是指在某一流程完成之后，将真实效果进行对比，从而对接下来的行为方式产生修正，起到调节的作用。这样做的好处是对流程在执行过程中的每个环节所发生的实际结果能够快速做出反馈，并以此调节、修正下一步的行为方式，使任务的执行与计划期望形成动态调节。

当然，反馈控制主要是对结果的反馈，已经形成的结果是不能改变的，而且用新修正方案代替原有方案、用新模式代替原计划有一个延迟时间，由于平台本身无法快速适应结果的变化，将会给执行带来别的影响。

下面我们来举一个生活中有关反馈控制的例子，你就会很好理解这个词。

【案例：洗澡时浴缸水位的自动调整就是反馈控制】

在浴缸中洗澡，我们可以经常用眼睛观察浴缸中的水面高度，然后手动去增加注入水量和减少排出水量，这样就能让浴缸中的水位一直保持在合适的范围内。

现在这个过程可以完全自动化，不需要手动操作。给浴缸装个浮子，这个浮子连接着进水开关和排水开关。当浴缸水位低于设定好的标准时，浮子就会开启进水口，当水位高于设定标准时，浮子就会开启排水口。

其实，这就是我们所说的一个简单的反馈控制流程。在没有其他外力影响的情况下，浴缸水位可以一直保持在合理范围内。

我们还可以发现，当你进入浴缸，你的身体体积让浴缸的水位马上上涨，浮子这时感觉到浴缸水量增大，漫过了设定的标准线，于是会自动开启排水口，直到水位下降到设定的标准线。当你洗澡结束离开浴缸后，浮子又感觉到水位下降，就会自动开启注水口。

这里其实就是一个自动反馈控制的规律：当浮子监测到水体存量发生了变化，立即启动反馈调节机制，相关的注水量和排水量也会随之变化，让结果始终保持在一个合理、可控范围内。

利用反馈控制思维形成良性循环

利用反馈控制思维形成良性循环，如图 2–1 所示。

图2-1 利用反馈控制思维形成良性循环

1. 修正目标的负反馈

前面提到的浴缸水位调整案例中的这个反馈控制回路，主要是始终保持结果稳定，导向一个设定目标进行调节或修正的过程，我们说“修正回路”，也可以叫“均衡回路”，它就像拉马的缰绳，始终牵着马，不会让马跑走。

这样能够起修正回路作用的反馈控制我们称它为负反馈，在负反馈的作用下，系统在某一因素发生变化时，系统会形成应对该变化的反应行为。如人体发热时会流汗，流汗会散发热量同时让体温降低，这就是负反馈的一个常见的例子。

修正回路这一模式在生活中很常见，无论系统的初始状态如何，可能高于或低于我们所需要达到的最终效果，修正回路都会将其调整到期望结果。比如湖泊的水位、汽车的导航限速等。

不过，反馈控制也不会时刻有效，因为某种条件影响，结果可能会偏离。比如信息传递延迟，或者发送路径有问题，造成信息有可能失真，或者被误读；抑或信息导致行为方向偏离，结果不理想，等等。

2. 正反馈的放大效应

任何事物都有两面性，既然有负反馈机制，那么当然还会有正反馈机制。正反馈能不断增强、放大原有的效果，自我循环、雪球效应明显。

简单讲，就是当某种行为 A 产生了结果 B，结果 B 会反馈到行为 A，放大行为 A 的过程就称为正反馈。

如果正反馈是积极循环效应，就会让结果不断放大且越来越积极；但如果正反馈遇上消极循环效应，就如同断线的风筝，会导致结果偏离方向越来越远，造成更坏的影响。所以正反馈形成的回路被称为“升级回路”，也可称为“不断放大的回路”。

再来举两个生活中的例子，以便更好地理解“升级回路”。

消极循环：两个小朋友发生争吵，其中一个小朋友踢了另外一个小朋友一脚，挨了一脚的小朋友也不服气，就狠狠打了前者一拳，于是，前面的小朋友又采取报复行为，双方厮打起来，打架不断升级。

积极循环：微博发表的文章被点赞的越多，博主获得的自我成就感就越强烈，结果就是接下来会发表更多的文章，希望获得更多的认可和点赞。

3. 闭环更需要负反馈

我们发现“升级回路”是不断放大的，而且随着时间的推移，升级回路会产生几何倍数级的放大效应，直至无法控制。

正反馈产生的升级回路大多数情况下会造成系统波动甚至崩溃，因此我们正确的思维方式应该更多加入负反馈控制，降低系统动荡的风险。如同一个断了线的风筝，如果不能迅速拉住风筝的引线，风筝只会越来越远。

真正的闭环思维自然也需要融入负反馈控制，不断修正目标，朝着既定的方向不断提升，形成良性循环。同时，反馈控制思维还能增强我们的全局性，更加辩证地看待问题，如何让良性的结果放大并不断循环，这是我们需要学习的。

本质思维

上一节我们说到闭环需要反馈控制思维，特别是要负反馈控制。本节介绍本质思维方法。我们经常会说，揭开问题的表象，发现问题的本质，什么叫本质，如何找到问题的本质？

本质，顾名思义，事物本身的性质。

如何寻找问题的本质？我们肯定会想到日本的“5WHY”法。这种方法最早是由日本的丰田佐吉提出来的。后来，丰田汽车在各个生产领域广泛推行这一方法，并取得了成功，这个方法对问题本质的探寻非常有效。

“5WHY”法，其实就是针对一个特定的问题或事件连续提问，用5个“为什么”来研究问题的根源。5个问题的提法并不是简单重复5次“为什么”，主要是培养我们的思维模式和行为习惯，遇到问题必须刨根问底。有的可能不需要提5个问题，有的又可能需要用更多的问题来佐证。

“5WHY”法的核心目的是帮助人们解决问题，尽量减少主观假设和推断，从结果切入，逐级倒推，直至发现问题的源头和本质。

我们眼睛所看到的、耳朵所听到的都只是事物的表象，看清楚事物或问题的本质需要本质思维或系统方法。

下面我们举个生活中的常见例子来说明。

【案例：汽车排气管冒黑烟问题的根源】

假如你发现自己的私家车排气管突然冒黑烟，你可能觉得只是偶然现象，于是没有太在意。当你用完一箱油又加满一箱新油时，发现排气管依然在冒黑烟。这个时候，你认为自己的车肯定是出问题了。排气管冒黑烟的现象根源在哪里？

很多时候我们可能需要去专业的维修店检查，同时也会自问：是排气管本身的问题吗？是汽油的燃烧不充分吗？是发动机的问题吗？等等。

最终检查出问题根源，是汽车的喷油嘴出现故障，发动机喷油部分结构有问题。遇到类似问题，很多人只会观察到冒黑烟这个现象，最多可能会分析到车辆使用这个层面。但要想真正发现问题的根源，就得清楚汽车的结构，各个环节逐一排查，这才能找到问题的本质，从而解决问题。

发现本质需要系统化思维

很多时候，我们不要轻易被事情的表象所误导。比如看到乌云，就觉得一定有大雨，这只是一个天气现象的合理推断。当然下雨要有乌云，但是有乌云就不见得一定下雨。

如果将本质看作是一个房间，那么问题就是房间里不断看到的现象。就好像一个不清楚火腿肠制作过程的人，只注意到一只活猪从工厂这一端进去，另一端就生产出火腿肠一样。

现象只是本质这座冰山露在水面上的一个小角，可能现象是表面的，容易被我们注意到，所以我们经常关注的都是现象，但现象对于我们理解和分析事物的本质不是最关键的。发现本质需要系统化思维，如图 2–2 所示。

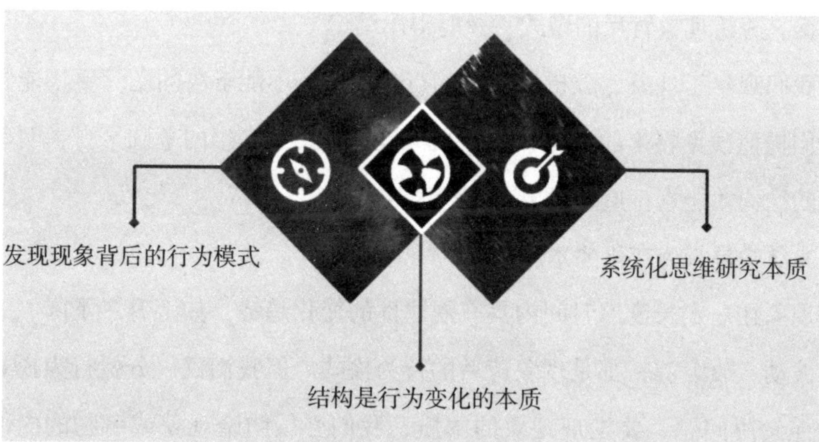

图2-2　发现本质思维需要从3个方面入手

1. 发现现象背后的行为模式

比如我们看一个男生有没有修养，不能直接从他约会女朋友的场景中去评价，我们应该依据更多的现象来分析现象背后隐藏的行为模式。

评价一个人，应该用更系统的思维方法，需要大量的佐证，或者利用更多的数据来分析持续状态，以及人的习惯行为模式。我们都听过一句很经典的话：除了上帝，我只信任数据。

一个专业的投资者，不会把目光停留在短期市场波动现象上，而是更关注分析企业的战略方向和行为模式，市场行为符合经济发展趋势，迎合用户需求，自然就有市场回报，企业的投资就是有价值的。

所以，要得出更精准的结论，应该将注意力放在分析现象背后的行为模式上。一个企业、一个行业的总结数据都是很有效的研究行为模式的依据。对于行为模式的研究，很多时候我们强调要懂得分析数据，通过流程收集权威数据，最终要从数据中发现行为模式。

当然，很多行业发展瞬息万变，而我们分析的很多数据得出的行为模式概念已经落后于现实，这就要求我们能迅速从各个信息渠道中，收集整理数据，分析现象背后的模式，及时得出结论。

我们观察了现象，分析出特定的行为模式还不能解决问题，更不能帮助我们提前预见将来的变化状况。结构是行为模式产生的基础平台，明确对象的结构才能真正追溯对象产生行为的本质。

2. 结构是行为变化的本质

现象在一定长度的时间内具有规律性的变化趋势，如上升、下降、中断、波动、放大等，都是现象背后的行为模式。但我们仅仅分析行为模式还不能解决问题，要发现现象的本质，我们必须明晰现象或事物的内部结构。

一个具体事件或行为的结构不单是整个体系的重要组成部分，还包括各个环节反馈控制的相互影响。但我们习惯性立即做出反应和决定，不愿意花时间去分析专业的结构模型，因此很多时候很难真正确定结构。

有时很奇怪我们不愿意花时间去分析事件的结构以明确本质，但有时的脱口而出却又无意识地抓住了事件的结构本质。

比如一个朋友做了错事，有的人肯定会调侃他“脑袋被门挤了”。我们发现，这时候没人去管做了什么错事，也不去讨论他的行为模式，而是直接讲问题的本质。

如果我们能够把这种无意识抓住事物本质的潜能应用到解决问题上，那么，我们遇到的很多问题都会迎刃而解。

3. 系统化思维研究本质

我们说过，什么样的结构直接决定了行为模式，而在行为模式的基础上又可以变化出很多现象。比如体系的升级回路控制能够刺激结果成几何倍数放大，而修正回路控制又会试图让体系恢复到动态稳定状态。结构决定着行为产生，但行为模式的表象又是诸多因素共同影响的综合结果。

所以，很多时候我们能明确掌握体系结构，可以说已经是专业领域解决问题的高手了。因为普通人只能观察到事件的表象，而专业人士能分析出事件背后的行为模式。那么看到结构这一层，就可以称为行家。

但即使能解决绝大多数问题，也还是没有完全的把握真正发现事物的本质。这里就需要我们运用系统化的思维，全局性的视野，整合数据平台优势。

行家之所以称为行家，就是能解决别人无法解决的疑难杂症。他们能全局性的将表象、行为模式、结构串联起来，排查各个环节，利用数据分析和不断重复观察，发现其中的深层次联系。

同时，行家不仅从事物和问题本身找根源，而且还会结合问题所处的环境影响，内外衔接，整体把握，这就是我们所说的系统化思维。全局性思考问题所在，真正找到问题背后的本质。

闭环思维，就是整合所有信息渠道和环节，形成闭合回路。所以，很重要的一点，就是我们必须具备发现本质的思维方法，才能透过表象看到行为模式，通过行为模式找到结构，最终分析本质，形成我们所需要的完美闭环。

第一性思维

两千多年前，著名的哲学家亚里士多德就发表了一个论点：在每一个系统的探索中，都存在着第一性原理，它是一个最基本的假设或命题，不能被省略或删除，也不能被违反。

数学中有许多类似的结论，比如我们都知道：过两点有且只有一条直线，点到线的距离垂线段最短，过直线外一点有且只有一条直线与已知直线平行等。这些都是基础几何中的第一性原理，从这些基础原理出发，可以推断和证明许多命题。

而真正让第一性思维开始流行并火爆的，当然就要说说特斯拉的马斯克。马斯克作为高端电动汽车特斯拉的 CEO 被世人熟知。同时马斯克也是精通第一性思维的高手，他向我们展示了第一性思维的魅力和价值。

第一性思维帮助马斯克蝶变行业游戏规则，打破固有观念，用创造性、发散性思维打造的新能源汽车，市场反响热烈，引发全世界无数粉丝的追捧。

其实，马斯克研发电动汽车的过程中，发生了很多人不知道的故事。有的人认为使用电池替代能源成本很高，投入产出不匹配，而且将来成本也不会有降低的空间。许多专业人士也劝马斯克重新考虑项目研发，认为目前电池技术发展已经饱和，遇见了天花板，上升空间很小，因此电池成本下降的空间也就微不足道。

而此时的马斯克用到了第一性思维，电池的组成材料有哪些？这些材料的成本有变化空间吗？带着这些最基础的问题，马斯克将电池组分解为最原始的材料：碳、镍、铝等。马斯克发现这些基础元素是可以进行改良的。人创新的空间取决于对待问题的态度和智商，也因此造就了特斯拉现在优质高效、成本可控的汽车电池。

那么，在日常生活中，什么是第一性思维呢？下面有个有趣的案例跟大家分享。

【案例：砍哪棵树由最初的动机决定】

老师在课堂上提问："如果让你去砍一棵树，面前有两棵树可以选择，一棵比另一棵粗一些，你会怎么选？"问题似乎很简单，许多同学脱口而出："砍那棵粗的！"

如果那棵粗的是一棵普通的树，而那棵细的却是名贵的木材，这次又如何选呢？同学们不约而同选了砍名贵木材的那棵。

老师没有结束的意思，接着提问："那如果普通树是笔直的，而名贵树长得不直，你们会砍哪一棵？"同学们这下犯难了，觉得无从选择。一棵笔直好用可是很普通；一棵名贵却不好用，怎么办？

老师接下来又增加难度了：假如笔直的普通树由于年代久远，中间出现了空洞，这时你们会砍哪一棵？同学们已经有点摸不清老师的意图，但还是按部就班地回答："那还是砍名贵木材吧，普通树有空洞没用。"

老师接着问同学们："名贵木材很难砍，普通树容易砍，你们又会砍哪一棵呢？"同学们异口同声说："那就砍普通树，省事。"

这时课堂终于安静了下来，老师不再发问。那么，老师到底想告诉同学们什么道理？老师语重心长地说："从头到尾没有人想想，到底为什么要砍树。其实选择就取决于你们最初砍树的动机。如果只是找木柴，你就砍普通树；如果需要收藏，就砍名贵树。"

第一性思维

第一性思维包括的内容如图 2-3 所示。

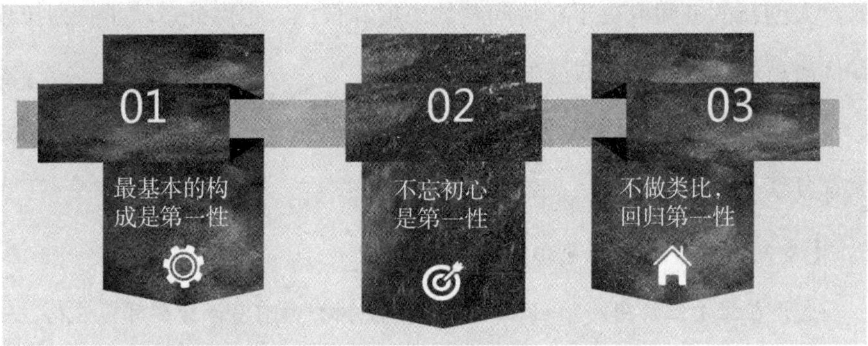

图2-3　第一性思维包含的内容

1. 最基本的构成是第一性

第一性原理，就是把问题拆分成几个最基本的部分，然后观察每个基础部分。解决问题，我们还是要从问题最基本的几个部分切入，反复观察是否有最佳的解决办法。

我们曾经听到这样的一个故事。假如在一次灾难过后，所有的科学理论都消失了，只能留一句话给下一代。该留一句什么话呢？诺贝尔物理学奖获得者费曼认为传给下一代唯一的话应该是原子假说，即地球万物都是由原子构成，它们永恒运动，在一定距离外相互吸引，受挤压时则相互排斥。

这句话似乎蕴含了所有的知识。我们每个人都是由一个胚胎发育而成，是由多种基本元素组成的一个原子体。

2. 不忘初心是第一性

如何在商业零售中运用第一性思维？亚马逊的 CEO 贝索斯值得我们学习。他的座右铭是“永远活在创业第一天”，这也是让亚马逊保持稳定增长的第一性思维。

现在很多人都在创业的路上。我们说，创业分两种感受，一种是创业初期的感受，事业刚刚开始，倍感压力而且前途未知，但因为最原始的创业激情，有着无穷的热情和想象力；另一种就是创业成功，事业到了一个相对稳定期，组织架构稳定，市场增长迅速，此时最大的目标是持续稳定。

假如你是一个创业者，只能在上面所说的两种感受中选择一个，你会选哪一个呢？也许很多人会坚定地选第二种，这是创业者所最努力希望达成的目标。这个阶段已经不需要为生死存亡操心了，市场回报比较稳定。

但贝索斯却坚持选择“创业第一天”，成功不是最重要的，从哪里出发才最重要。即使已经取得成功，依然要把每一天当做是创业第一天。

当一个人始终把精神状态保持在创业第一天，你的激情和潜力是无限的，没有人能阻挡你前进的脚步。很多人到了功成名就时，习惯于保持，保持市场份额、保持企业规模、保持利润回报、停留在稳定的状态，反而意识不到威胁，发展就会迟缓。因此，保持在创业第一天很重要。

其实，我们每个人都期望自己有一天能登上人生巅峰，但同时，你会发现登上人生巅峰的那一刻，就注定了你要开始下山。所以，我们的第一性思维就是永远站在起点。

3. 不做类比，回归第一性

在生活中，我们习惯去做比较，当别人已经做过或正在做的事很成功，我们就会跟着去做，去模仿。

这可以称为人类思维的方便路径，因为类比思维方式相对比较简单快捷，很直观，但同时也会束缚我们的想象力。遇见不熟悉的事物，我们都习惯于用类比思维去判断，而没有心思去研究事物背后的本质。

类比是一种划分和推理，由熟悉的事物到陌生的事物。人类的类比思维是本能的，从出生开始就写在人类的基因中，当然类比的思维方式也创造了很多美好的事物。但单纯依靠类比容易让我们只关注表象，无法弄清楚事物的基本结构。

而第一性思维则需要抽丝剥茧，层层深入，揭开事物的面纱，探求内部的本质，然后再从本质沿路而上，反复验证。

运用第一性思维需要我们很理性，把问题或事物的多余水分彻底挤掉，留下最有价值的干货。这个过程很耗费精力和时间，也需要不断修炼，很多时候人们习惯于快速解决问题，所以反而忽略了第一性思维的重要性。

复利思维

闭环思维里很重要的一点就是需要具备复利思维。我们知道，复利是一种利息的计算方法，利息一部分是由存入银行的本金来计算得出，而且同时新产生的利息也可以获得利息，这就是所谓复利。计息的周期越短，年限越长，复利效应会越明显，财富积累就越快。

下面先来讲一个关于复利的很有名的古老传说。

【案例：一粒麦子的复利】

在古老的印度有个传说：国王准备重赏国际象棋的发明者。国王问发明者想得到什么赏赐，发明者说："国王，我想要的奖励就是请您在国际象棋棋盘的第 1 个小格里放 1 粒麦子，在第 2 个小格里放 2 粒，在第 3 个小格里放 4 粒，以后每小格比前一小格加一倍，直至将所有的小格放满麦粒。"

国王觉得这赏赐太简单了，就满口答应。可是当把一袋袋麦子搬来摆放时，国王大吃一惊，原来把全印度的麦子都拿来，也满足不了要求。

复利思维的时间效应

图 2–4 描绘了复利思维的时间效应。

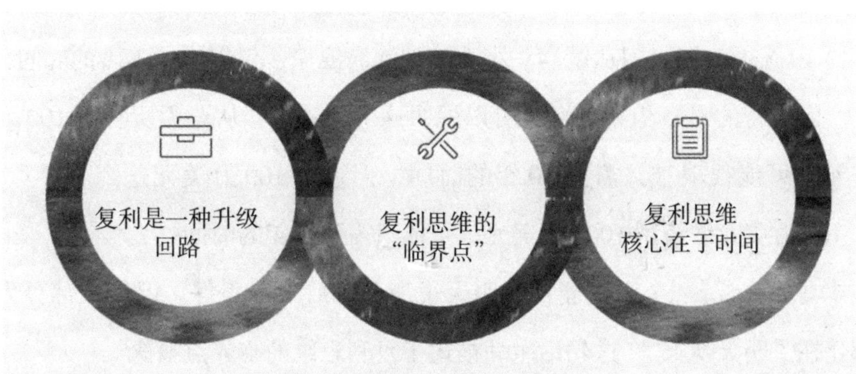

图2–4　复利思维的时间效应

1. 复利是一种升级回路

复利其实就是一种升级回路。对于这个复利概念，可以用一句很贴切的话来定义：雪球要想滚得大，关键是找到适合的雪和长距离的坡。

滚雪球，雪球粘上的雪会越来越多，雪球变得越来越大，不断累加，雪球会大到无法想象。财富的增值也是一样，当你有了更多用于复利的资金，就能创造更大的财富。即使资金不多，只要时间比较长，不断累积下来，也会是一个不小的数字。

再比如你每天坚持阅读一个小时，一个月两个月不会看到什么改变，但如果你坚持阅读，十年之后，你会有意想不到的收获；就好像你每天坚持锻炼，短期内你的身体并没有太大的变化，但经过三十年，没有锻炼的同龄人的精神状态和身体机能肯定都比不上你。

所以复利就是不断强化正确的方向，以几何倍数放大效果。

2. 复利思维的临界点

也许很多人感觉复利思维并不难理解，可是为什么很多人没有感受到复利思维的效益，那就是因为复利思维的“临界点”。复利效应中有一个临界点，一旦跨过了这个临界点，结果就会翻番式增长。

你观察池塘水面的浮萍每天都会增加，从开始生长到铺满一半池塘，需要 10 天的时间，但从铺满一半池塘到铺满池塘，仅仅用了 1 天的时间。

巴菲特的财富积累观点也可以说明这个临界点。从一无所有到 100 万美元，可能很艰难，需要 10 年的时间，但过了 100 万美元这个临界点，从 100 万美元增长到 1000 万美元，可能只需要 1 年的时间。

马云曾说：“今天很痛苦，明天很痛苦，后天很美好。但绝大部分人都死在了明天晚上。”这句话生动描述了复利思维的临界点概念。

很多人都清楚复利思维，但临界点才是决定成功与失败的分水岭。

3. 复利思维核心在于时间

那么，看到了复利思维的巨大财富效应，感觉应该很容易获得财富，但为什么成功的人并不多？这里有个很关键的问题，即大多数人觉得复利思维的重点在于回报率，但实际上复利思维的核心在于时间。即使每年只有 5% 的回报率，20 年后也是一个可观的数字。

问题来了，有多少人能坚持做到每年 5% 的回报率，同时又能坚持 20 年？大多不是盈利能力能否达到，而是缺乏持久性。有的人觉得回报率低，不愿意坚持；有的人觉得时间太长，愿意去尝试一夜暴富。

很多人总想着一夜暴富，希望用极少的时间谋取最大的财富。高回报就一定附带着高风险，真正的成功者追求财富稳定增长，在回报率和时间的天平上权衡，不会把鸡蛋都放在一个篮子里。

关注长线的时间，而不是短期的回报率。能真正有效使用复利思维的人，都应该学会一种品质——坚持。

我们发现，很多事情都是坚持到了临界点才会突然达到惊人的效果。胡炜炜坚持做了 10 年的汽车记者，最终创办了摩拜共享单车；papi 酱当初发布了很多视频后还默默无闻，直到发布了几千条视频后才开始火。

复利思维作为闭环中的重要思维模式，要求你具有耐心，懂得坚持的价值，具有强烈的目标感。认定方向是正确的，就要升级回路，不断强化放大。遇到困难，多坚持一段时间，也许就能跨过临界点，获得更大的财富。

指数思维

什么是指数？指数就是在事物发展初期的很长一段时间，效果增长非常缓慢，但积累到了某个临界点，结果会爆发式增长，并能用较短的时间高效保持快速上升。那么，指数思维也是闭环思维里不可或缺的。

很多时候，一个事物的最终价值是根据时间的效应积累而产生质变的，但我们经常会忽略掉这些潜移默化的变化，等我们真正发现事物的跨越式发展的时候已经晚了。

之所以大多数人都等不到爆发式的增长，是因为我们没有科学的预判，不具备指数思维能力，在事物发展道路的临界点来到之前就已经偃旗息鼓了。

下面我们来看蒙牛是如何利用指数思维取得成功的。

【案例：垂直品类、大数据、物流协作成就蒙牛】

蒙牛与京东联合开发的“宿迁牧场”纯牛奶取得了很大的成功。宿迁牧场纯牛奶的奶蛋白质含量相当高，有高达3.6g/100ml的蛋白质含量，原奶品质基本达到“特仑苏”的水准。怎么来向市场推出这个产品呢？

通过大数据分析用户身份和用户偏好，蒙牛与京东联合研发设计牛奶包装、形象定位，抓住高端人群的消费诉求。

定制产品另辟蹊径，可能从一出生就不走寻常路，但风险也如影随形，消费者对定制产品的感受是不可预测的，必须多维度共同协作。

有京东平台库庞大数据的支撑，某种程度上提高了牛奶满足消费者需求的概率。再加上“宿迁牧场纯牛奶”独特的高端“心钻装”设计在京东平台上进行了全球独家首发。其精准数据营销，不仅了解了消费者的基本需求，还了解了消费者的各种心理需求。

蒙牛在线下的包装大多是12盒装，但是线上则是16盒装、24盒装。为什么会不一样呢？因为大数据显示，线下12盒多是亲朋好友用来送礼，比较方便；而线上的都是高端人群家用。正是对大数据的精准运用，使得蒙牛能够在京东销售成为垂直品类第一。

当然，要想成功，物流和供应链是一个不可或缺的环节。蒙牛单单依靠牛奶的高蛋白质是无法成就其垂直品类第一的。

大家都知道，蒙牛的全国销售网络布局很早，也非常完善。因此，蒙牛和京东物流合作的重点就是如何进行全方位整合，而不是单纯地把蒙牛的货物从自己的仓送到京东仓就完事。这里面出现了一个新的协同仓，就是京东的物流线会直接配置到蒙牛仓库，蒙牛生产的货品直接进入京东的物流线，减少货品重复搬运的次数，大大降低了供应链成本。

物流合作的成功让蒙牛与京东看到了信心，接下来在北京、上海分别建立协同仓，这使得蒙牛在北京、上海的日均订单量稳步提升，日常处理订单能力大幅提升，可以充分满足各种活动促销增长的订单需求，全面提高了产品的周转率、物流的时效性。

同时，共享转运仓，蒙牛产品可以就近流转送到京东仓库，这样蒙牛的整体物流成本就大大降低。正是大数据、协同物流，成就了蒙牛在京东垂直品类销售第一的排名。

飞轮效应的指数思维

说到指数思维，这里跟大家重点分享亚马逊成功的“飞轮效应”。亚马逊，当今社会应该是无人不知，亚马逊的CEO贝佐斯也是名副其实的全球首富。

亚马逊在2010年之前发展都比较平稳，没有出现爆发式增长，直到2010年以后才开始出现比较大的增长，成为福布斯最有价值品牌。这里，一定要提到亚马逊的商业文化。

虽然时代在变化，但亚马逊的初心一直没变过，亚马逊的理念就是“建立一个以消费者为服务中心的企业”，直到今天，亚马逊还是一直围绕这个主题运营。

那么，什么是飞轮效应？

这里的飞轮效应是指一个企业的各个业务功能之间保持有序的相互协作，如同机器咬合的齿轮一样。我们都知道，齿轮组从静止到全部转动起来需要耗费非常大的能量，但一旦每个齿轮开始转动起来，整个齿轮组就会飞速转动，形成很高的效率。

亚马逊让整个齿轮组飞快转动的能量就是会员制。亚马逊会员制服务费很便宜，但通过会员制服务提高了用户的黏性。根据统计数据显示，亚马逊在美国的会员数量相当多，差不多每4个人里就有一个是亚马逊的会员。

作为亚马逊的支柱服务，第三方商家可以在亚马逊平台上出售商品和服务。大量第三方商家的进入，拓宽了消费者的选择空间，而且也相应增加了消费者的平台黏性。当亚马逊吸引到越来越多的会员时，相应又会有越来越多的第三方商家选择跟亚马逊的平台合作。这是一个双赢的过程。

当第三方商家入驻越来越多的时候，亚马逊对上游供应商的话语权就会非常强，可以控制商家在亚马逊平台出售商品和服务的价格，把更多的价格空间回报给消费者，从而吸引更多用户成为亚马逊会员。

亚马逊为了让第三方的商家也能从平台获利，还为这些商家提供了临时仓储服务。第三方商家可以把商品临时寄存在亚马逊的物流仓库，平台出现订单，亚马逊就会及时安排物流配送。由于亚马逊强大的物流网络，必然有越来越多的第三方商家愿意主动选择临时仓储服务，这样也就更有利于亚马逊服务好会员。

亚马逊的飞轮效应其核心能量就是用来吸引更多消费者的会员制服务，如果我们单纯评价会员制服务的成本可能相当高，但对于亚马逊的整体供应链来说，这是至关重要的一环，是让亚马逊所有体系高速运行的原动力。

因此，我们在讲指数思维的时候，眼光一定要放得长远，整体战略方向的制订必须配置那些看似不起眼、不盈利但却能带动协作的产品和服务，正确利用这些原动力产品来推动整体战略发展。一定阶段的负重前行是正常的，跨过临界点，前途一片光明。

PDCA循环上升思维

计划（Plan）、执行（Do）、检查（Check）、处理（Action），这四个环节组成的PDCA循环最早是由休哈特博士发明的，后来被美国质量管理专家戴明博士加以创新与提炼，广泛应用于质量管理。因此，PDCA循环很多时候我们又叫作质量循环或戴明循环。

PDCA循环实质就是对计划执行情况进行检查，检查的结果要进行处理，对有效的结果给予肯定并进行标准化流程建设；对问题的处理要进行总结，提出解决办法进入到下一个PDCA循环里。PDCA循环就是一个不断上升的螺旋闭环。

下面我们举一个生产领域PDCA应用的例子。

【案例：PDCA优化装配线目标管理】

流水装配线都用到一种叫作看板管理的方法，实际上就是我们说的PDCA应用。比如今天第一车间目标计划装配量是1000个组装零件，那么，车间会有一个看板，上面将计划分解到具体时间段，8:00~10:00计划装多少个？10:00~12:00装多少个？下午2:00~4:00装多少个？下午4:00~6:00装多少个？这个是计划数字，同时还有一列是实际完成需要实时填写的数字。

每隔一定时间，车间管理人员就会巡视检查，按照实际完成情况标注数字。看板的目的，就是让人一下子就能很清晰地发现实际工作中的问题，目前实际工作到底有没有效果。

可能有的时间段超额完成，而有的时间段距离计划还有点远，这里面就是我们需要分析总结的，然后来对症下药优化工作，下一个循环阶段达成改进。所以，制订计划一定要考虑到目标计划便于检查，如果工作缺乏周期性结点计划，就会让检查带有很大的随机性，无法形成良性循环。

因此，制订计划最好是划分时间节点，可以细化到每个小时，这样目标才可以被真正量化。这个时候执行和检查才更精准，检查完的总结和处理才会有的放矢，PDCA 的循环才能发挥作用。

PDCA的循环上升思维

1. PDCA 循环的三大特点

PDCA 循环的三大特点如图 2–5 所示。

图2–5 PDCA循环的3大特点

①环环相扣

PDCA 循环过程中，每一个环节本身都有一个 PDCA 循环，环环相扣，互相协作，互为因果的体系。在 PDCA 循环中，前一级的循环是后一级循环的基础，后一级的循环是前一级循环的实践和验证。

②循环上升

每一个 PDCA 循环，都不是简单的重复运行，而是逐级递进，每一个新循环都有新的目标和计划。通过每一次 PDCA 循环巩固好的成果，解决偏差的问题，使整体水平循环上升。

③处理很关键

在 PDCA 循环中，处理环节是一个循环的核心。有了目标计划，有了执行和检查，分析到偏差，积累了经验，那怎么运用到下一次循环？这个才是关键。要标准化良性流程，扩大积极成果，降低偏差概率，不断改良部分失效流程。

2. PDCA 循环的工作流程

一般来说，PDCA 循环大致可以分为以下 8 个工作步骤（图 2–6）。

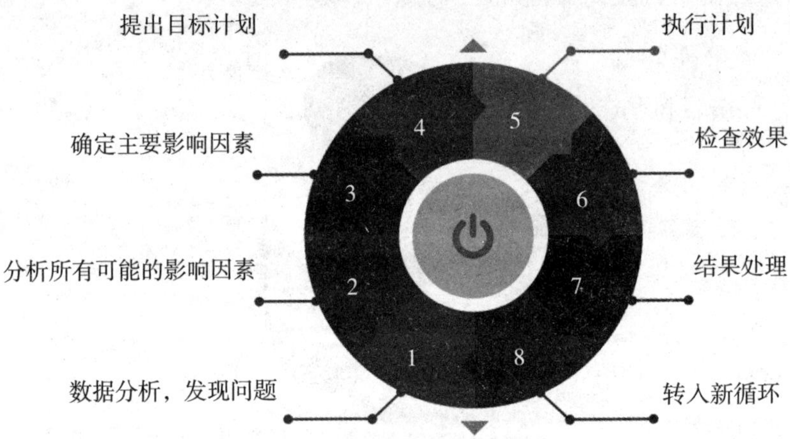

图2-6 PDCA循环的8个步骤

①数据分析，发现问题

通过收集信息、数据等发现目前工作中存在的问题。比如潜在目标用户比较多，资源丰富，但消费意愿不高，耗费了大量精力在潜在用户身上，但效果不好。

②分析所有可能的影响因素

针对发现的问题，各个环节逐一排查，找出所有可能的影响因素。比如潜在用户不愿意消费的直接原因和间接原因是什么？是产品本身吸引力不够，还是潜在用户没有意识到产品的价值？

③确定主要影响因素

在所有可能的影响因素罗列以后，根据实际情况，确定最主要的影响因素作为突破口。比如潜在用户消费产品的愿望不高，主要是因为产品的设计不具备竞争力，缺乏迎合年轻消费群体的个性标签。

④提出目标计划

确定了最主要的影响因素后，针对问题的解决制订工作方案，提出目标计划。比如面对潜在用户消费意愿不强烈的问题，确定了主要原因是产品本身设计感不强，无法快速吸引潜在用户产生购买愿望。于是，提出了创新产品内容和形式设计的计划。

⑤执行计划

按照既定的目标计划和工作方案执行工作流程，以达到需要改善的结果。比如创新产品内容和形式设计的计划，通过产品部和研发设计部的合作，改善产品形象。

⑥检查效果

通过计划的制订和执行，必须检查执行情况和效果，阶段性评估工作绩效，进行纠偏和修正。比如产品改良效果如何？是否能吸引潜在消费者的购买兴趣？

⑦结果处理

结果与目标计划偏离程度如何？阶段有效性达到了哪个区间？如果有效性达到 90%，那么还有 10% 没有达到的是由于执行力不足，还是工作效率不够？要尽可能多的用数据分析，从不同角度去发现问题。

⑧转入新循环

除了标准化巩固成果之外，总会有部分需要在实践中摸索的、无法快速解决的问题，要留到以后的PDCA循环中解决。不断循环上升，不断转入下一个PDCA循环，直到问题得到解决，形成一个不断上升的螺旋闭环。

PDCA循环上升思维也是企业形成闭环管理的思维方法，是改进企业经营工作的有效思维方式。所以，PDCA循环上升思维是闭环思维的重要部分。

通过我们对反馈控制思维、本质思维、第一性思维、复利思维、指数思维、PDCA循环上升思维这六种思维方式的分析与案例讲述，大家应该对闭环思维有了一个全方位、系统的认识。闭环思维可以这么理解，就是透过表面看清规律，找到关键要素，针对关键要素不断累积有效的方法，以此产生复利，达到螺旋上升的效果。

具备了闭环思维，只是相当于练好了内功，品牌商面对新零售模式，需要我们顺势而动，将闭环思维运用到营销体系搭建中去，实现品牌商的营销闭环。

第三章 营销闭环

新零售时代，品牌商的结构变革、思维创新、营销升级都迫在眉睫。那么，品牌商应该如何做营销呢？答案就是“营销闭环”。营销闭环将打劫新零售。当品牌商利用营销闭环后，品牌商就有了连接用户的能力，有了 C2F 的能力，有了 IP 的价值大旗，品牌商引导流量的能力可能会超过新零售。

还原客户购买思考逻辑

关注用户的消费心理，就要首先了解消费者在购物或消费服务时的思考逻辑。比如当顾客渴了想喝什么？喝水还是喝饮料？是喝纯净水还是可乐？顾客放弃购买这家的商品，选择另一家的商品时想了什么？

客户在购买商品或服务时，先会形成意愿，根据意愿会思考如何实现目标、达成意愿，最后决定选择的结果和方式。所以，客户购买的不仅仅是商品本身，还包含其感受以及体验和使用的场景。客户通过购买商品，以实现自己的意愿和目的。

客户购买思考逻辑

客户购买思考逻辑包括以下四个方面（图 3–1）：

图3–1　客户购买思考逻辑

1. **目的**

为什么会产生购买欲望和意愿？客户购买的目的是什么？

2. **影响**

这里所说的影响是如果无法购买，会给客户带来什么样的影响？

3. **资源**

客户需要具备什么样的资源才能实现购买意愿？

4. **价值**

当客户拥有相应的资源，又有购买的意愿时，那么，需要了解客户购买商品后能获得哪些有用的价值。

所以，还原客户购买的思考逻辑很重要，而不是代替消费者去思考。比如客户购物时一定会货比三家吗？那么比较的依据又是什么？客户觉得产品的哪些特性最重要？客户是自己说服自己购买，不是商家说服客户购买？还原消费者的思考逻辑，就是抓住符合客户认知的关键点。

下面，我们就此举两个生活中有关的例子。

【案例：托育安全是家长选择品牌的第一要素】

随着工作和生活节奏的加速，很多白领家庭工作时间选择将孩子送到心仪的托育班，以解决后顾之忧。

0~3 岁是托育的主要年龄段，但恰恰是这个年龄段个体差异很大，托育老师一对多的照顾有较大的难度。进入托育班后，孩子过的是班级生活，和在家中细致入微的看护肯定会存在差距。

正是因为存在这种问题，家长选择托育品牌很慎重，怕孩子无法适应。那么，品牌商应该如何吸引家长呢？使用什么营销手段？

很多时候，品牌商并没有真正去思考品牌定位，品牌为什么样的消费人群设计？品牌的主打内涵诉求是什么？消费者为什么要选择你这个品牌？

不要替家长思考，而是要去体验，体验品牌的消费场景感受，就能明白该怎么办。

托育的第一属性是安全。客户一定会因为安全而埋单，一定会因为不安全而拒绝。所以，安全、舒适的托育环境是家长们选择品牌首要考虑的因素。

【案例：如何让外卖订单火爆】

职场年轻人工作都很繁忙，还会经常加班，所以很多人都没有自己做饭的时间。互联网时代就是方便，可以随时随地点外卖。那么，如何让外卖订单火爆？商家想了很多办法，这些办法当然就是通过还原顾客思考逻辑而来。

很多人点外卖都是距离自己工作地点比较近，可以很快吃到外卖，但是因为附加配送费，就提高了就餐成本。所以，免费送餐是个提高外卖销量的好主意。

点外卖的人很多时候为了快捷和方便吃些简单的食品，消费的金额不高。如果没有起送标准，就可以获得大量的订单。

菜品的口味是商家的第一品牌，所以至关重要。保证良好的菜品口味，色、香、味俱全，又能时常创新，订单自然火爆。

除了招牌菜品外，还应该多推出些互补的品类，比如饮料、小吃等，这样用户只要下一次单，就能买到希望享受的全部品类。

回归顾客心理，而不是替顾客思考

我们很多时候都特别想知道顾客的真正消费需求是什么？而这取决于你采取哪种思维方式来还原顾客的思考逻辑。品牌商不应该从“替顾客思考”的角度来考虑消费者心理需求，而应该从“作为顾客”的角度来思考。

“替顾客思考”和“作为顾客”思考表面上看似乎没有什么区别，但实际上结果却相差甚远。这是由于以“替顾客思考”的角度来看待，可能会导致与顾客的真正消费心理需求南辕北辙。

回归顾客的心理，充分挖掘顾客心理追求什么样的新鲜事物。即使有时候顾客自己都无法立即回答出心理需求的完整想法，但是答案还是会埋藏在顾客的心中。所以，我们最应该做的，就是脱离自身的思维方式，站在顾客的角度思考，彻底回归顾客的心理。

思考时要客观地看待自己，也就是需要我们从“我的另一面”的角度对自己原有的思考或想法有一个新的评价。当我们发现“我的另一面”时，不仅角度和视野产生改变，思考方式也会相应脱离原有的思维架构，回归顾客的角度，认识到顾客自由与冲突并存的消费心理，发现消费者的需求变化。

作为品牌商，要充当顾客的顾问角色，发挥自己的专业性，体会顾客心理需要，然后从中获得灵感，达成满足顾客心理需求的愿望。这时候，答案在顾客心中的同时，也出现在我们的心中。

比如，春节期间超市对腊八粥食材黑豆开展加量不加价的促销方法，然而销售却没有预期那么好，超市立刻改变了营销策略，改为论斤优惠，黑豆的销量翻了好几番。

商家最初想通过加量促销给顾客一种“同样价格买得更多”的感觉。这种促销方法可能在物质不丰富的时代还可行，但是，当今社会从消费者的立场来看，顾客感觉是“被迫购买超出需要的数量”，偏离了顾客的实际心理需求。

因此，我们如果真的想从“作为顾客”的角度来思考问题，很多时候必须放弃过去的经验，拥抱现在。

所以，真正形成营销闭环，需要还原顾客消费思考逻辑，不要一味主动替顾客思考，应该站在顾客的角度来思考问题，我们都需要重新判断自己的思维方式是否正确。

其实，站在顾客的角度来思考是我们每个人天生的能力，因为脱离了营销范畴，我们都有另一个身份——顾客。所以，只要回归顾客心理，就很容易理解顾客的内心。

放大第一“拒绝点”

上一节我们讲到还原消费者购买思考逻辑，站在消费者的立场上思考问题，这样我们就能从中发现消费者需要什么样的商品？消费者选择商品时如何进行比较？消费者为什么拒绝购买这个商品或服务？

接下来我们先跟大家分享两个案例，看看商家是如何洞察消费者心理的。

【案例：放大托育安全，家长无法拒绝】

宝妈们选择托育机构，第一要求就是安全性。妈妈们一定会因为安全而选择购买托育服务，也肯定会因为不安全的心理感受而第一时间拒绝。所以，托育环境是否安全是家长们选择托育机构的第一“拒绝点”。

那么，营造安全的托育环境显得至关重要。比如，增加空气净化器和空气加湿器，因为孩子大部分是0~3岁，呼吸系统非常敏感、脆弱，对外界的空气质量反应比较强烈。

活动室全部采用软包墙壁，方便孩子游戏玩耍，保证身体接触的安全。

同时家具的边角都采用了特殊磨圆处理加软包，从各个细节体现对安全的关注。

孩子进入托育空间必须消毒洗手，而且整个洗手过程可以让家长们看见，感受到托育机构的用心。同时，托育机构又拒绝家长体验参观，防止细菌的带入。食堂还配置餐具消毒柜、臭氧灯等设备，保障孩子用餐安全。

【案例：27层净化的乐百氏，就是纯净水】

纯净水市场经过多轮厮杀，形成了娃哈哈、乐百氏、农夫山泉三足鼎立的格局。而乐百氏在行业内是第一个提出“27层净化”的卖点的，成功占据了市场高地。

一度市场上存在着众多纯净水品牌，大家并没有什么太大差异。面对这样的市场现状，乐百氏发现，所有纯净水品牌都宣扬自己的纯净水纯净，而消费者却不知道怎么选择？消费者无法选择的关键是不能判断谁更纯净。

于是，乐百氏第一个提出了“27层净化”的宣传理念。“27层净化”给消费者树立了一种工艺科学、层层净化的可信形象。当时，纯净水绝大多数都要经过很多道工序以达到纯净品质，有的还超过了27道的净化工序。但是，乐百氏提出这个纯净的概念，就迎合了消费者无从选择的尴尬。消费者拒绝购买纯净水的拒绝点就是同质化。

在同质化的市场中，只有传播产生“差异化”的品牌，才会具有竞争力。而精准、有效的传播需要抓住消费者心理诉求的“核心”。所以，乐百氏的成功正是洞察了消费者对纯净水“纯净”的选择需要，给“纯净”设计了截然不同的传播方式。

乐百氏纯净水通过“27层净化”这样独特的传播方式，在短短几个月的时间内，销售额就达到了2亿元。

放大第一“拒绝点”成为卖点

营销产品我们需要设计卖点，差异化卖点则必须做到：产品或服务的使用价值必须个性化，产品或服务的使用价值必须跟消费者的消费需求紧密相连，同时可以用简单的文字信息传播产品或服务的使用价值。

产品个性化就是与众不同，即使是同类的产品，也要从差异化的角度来设计自己的卖点。与消费者的联系经常容易被商家忽略，我们在宣传卖点的时候要高度关注是否与目标客户的期待和愿望一致。

如果我们自己都不清楚自己的产品或服务的差异化，凭什么指望消费者认同我们的产品或服务的差异化？不管你想出售什么类型的产品或服务，都需要我们比消费者更专业，这是至关重要的一环。

只有我们比消费者更懂产品或服务的差异化，传播信息的时候，产品或服务的差异化才能被全面地传播和推广。如果给消费者的感觉是连我们自己都不自信，消费者是不会买单的。

很多时候，如果我们能够真正发现产品或服务的价值，找到消费者的第一“拒绝点”，转化为卖点，并在产品或服务中放大，就能够快速满足消费者的需求。

消费者在选择产品或服务时陷入迷茫的状态，这个时候就是我们的营销的突破口，建立与消费者内心的联系，让消费者因为选择我们的产品或服务而心满意足，这就是成功的营销闭环。

大部分品牌都进入了一个黑洞，即营销传播信息时都在尽力地发现产品的个性卖点，扩大差异，结果这个差异化卖点仅仅是自我感觉的差异化，消费者根本不买账。

只有真正洞察到消费者的需求点，才能做到差异化营销。而消费者在乎的是购买的商品能否满足其消费需求，还包括心理需求、精神需求、审美需求、自我实现的需求、兴趣需求等。

现在的消费者更关注的是商品能否抵达消费者内心深处，创造一种个性化、差异化的场景体验。品牌的设计感与个性风格、品牌使用后的差异化感觉、品牌背后的内涵与思想是否能凸显消费者个人标签。

放大第一“拒绝点”成为商品的卖点，是建立新零售时代营销闭环需要花大力气做的功课，也是营销闭环的必由之路。

营销闭环公式

在实际的营销活动中，我们大部分情况下不清楚消费者会受到哪些渠道、平台的影响，吸引消费者的产品内容有哪些，消费者因为什么关键要素而产生购买行为。

现在，因为数字技术的发达，我们可以整合线上、线下数据，观察用户的全场景行为模式，分析洞察消费者内心的真实需求，形成营销闭环。

我们先来学习一下营销闭环的公式：

$$F=P(1+i)^n \times P(1+i)^n \times P(1+i)^n \times P(1+i)^n$$

F= 新营销，P_1= 流量（人流），P_2= 转化率（成交率），P_3= 客单价，P_4= 复购率（回头率），i= 营销方法（新方法），n= 时间。

有了科学的计算公式，我们就可以合理利用其中的关键指标来达成营销结果，最大限度运用营销闭环来赢得市场。从公式可以看出，流量、转化率、客单价、复购率作为新营销闭环结构的支点，作用非常明显。值得注意的是，针对这四个支点的新营销方法的成功运用，更会为营销闭环带来指数级的增长。

新营销方法应该说是新零售时代品牌商构建营销闭环的关键，在激烈的市场竞争中已经演变出许多营销形式和手段，比如社群营销、IP、参与感、爆品、场景体验营销、社交裂变、粉丝营销等。

下面跟大家分享一下社群营销和场景体验营销的实操。

营销闭环中的关键因子

1. 社群营销

社群营销已经成为现在市场营销的标配，毋庸置疑，社群营销具有目标精准、高效传播、快速渗透等多种优势，但如何把社群营销做好，就需要弄清楚社群的概念和特点。

社群不是简单组织成员的累加，而是所有成员之间具有互动关系。成员之间的互动是依靠共同利益来支撑的，共同利益有时会以共同爱好、兴趣等方式表现出来。

在这个信息发达的时代，信息过滤成本很高。而社群是因为兴趣爱好和共同利益所产生，具有定制信息过滤的功能，我们从社群获取有效信息相对简单、高效。

社群相对来说是一个去中心化的自由组织，每个成员都能成为信息发布的渠道，每个人的自由表达都能获得尊重与反馈，个人的言论权在社群中得到充分展现。

我们都知道社群营销对产品推广、销售有着很好的促进作用，那么应该如何去做好社群营销？

下面是社群营销需要注意的 3 个关键点（图 3–2）：

图3-2　社群营销需要注意的3个关键点

①价值定位

对于品牌而言，最重要的是弄清楚品牌社群有什么核心价值？建立社群前，品牌应该首先思考这个问题。核心价值是一个社群发展壮大的基础，也是一个社群的战略方向。不论是产品还是服务，都需要与核心价值紧密联系。

②有效引导

很多品牌开始建立专业社群的想法很好，但最后这些社群有的演变为僵尸群，有的就成了单纯的聊天群，这些都是社群缺乏引导的结果。

规则引导。社群的发展必须制定相应规则，才能保证社群的统一。社群的进出有筛选规则，社群内部有行为规则。同时，除了规则外，还要让社群成员保持活跃度，让社群成员各司其职，保证社群的良好运行。

人工引导。人工引导并不是简单的人为干预。我们会发现，每个活跃的社群都拥有领袖成员，通常是由早期核心成员发展而来，相对其他成员拥有主要的话语权。领袖成员对于社群的引导作用是不可小觑的，社群营销时应该联合领袖成员，确保社群营销不偏离目标。

活动引导。社群的活跃程度经常需要利用营销活动来激发，许多产品类社群尤为明显。活动不光是吸引粉丝、加深互动、刺激社群的有效手段，还是引导社群主流的一个有效方式。活动的互动也充分体现了社群成员的忠诚度，而且可以通过更新活动不断引导话题。

③控制规模

每个社群都有一定的发展期限，如果社群规模不加以控制，社群信息过滤的功能将大打折扣，会导致资深用户的沉默或离开。

有科学家认为，人类拥有稳定的社交对象人数是固定的，是有一定规模的。这就是说，我们运营社群也需要如此，控制好社群的规模，社群内部互动就会是深度的。

社群营销主要是在同一目标方向下保持成员的参与度，积累核心用户，增强社群价值，让社群的粉丝效应变现，让品牌获得成功。

2. 场景体验营销

营销闭环新方法里，不得不提到的就是场景体验营销。在新零售时代，场景营销已经成为产品出奇制胜的法宝。场景的设计就是消费 IP 的设计，让用户看到这样的场景，就会想象自己与产品的联系。

说到场景体验营销，下面来看看 RIO 鸡尾酒的成功营销路线。

随着 B 站的流行，90 后用户会创造流行元素。“空巢青年”是 90 后自嘲的新词汇，但也是现实的写照。所谓的空巢青年，就是热闹、欢聚之后，喜欢自己独处，拥有自己的世界、自己的个性、自己的思想。

RIO 鸡尾酒正是营造了这样的一种营销场景：当你一个人独处的时候，不想那些浪漫与喧嚣，只有单纯的自我感情释放。把自己还给自己，独处时第一个想到的就是来一罐 RIO。这就是 RIO 鸡尾酒与空巢青年的营销场景对接。

营销场景中如果恰到好处地抓住了消费者的情绪，引起了消费者的共鸣，就能感染消费者，让消费者主动参与到场景中。

RIO 鸡尾酒通过定制微剧赢得了年轻消费者的共鸣，金马影后周冬雨将一个都市女生暗恋时的内心戏刻画得入木三分，推出的“一个人的小酒”“人生不要大醉，只要每日微醺”话题成为网络热搜。

RIO 鸡尾酒无疑是抓住了 90 后消费者的真实心理，精准的共鸣，让众多粉丝主动买单。场景体验营销的成功让“一个人的小酒”成为网红。

下面给大家分享一个营销闭环失败的案例。

【案例：熊猫直播营销闭环的缺失】

熊猫直播的退出，是否说明主打泛娱乐化的直播平台已经成为过去，是否意味着泛娱乐化靠单纯吸引眼球前途渺茫？

吸引眼球可以看作是直播平台营销闭环中的“大脑”。将不同心理需求的粉丝进行分类导流，并根据不同类型的粉丝需求，对接最佳的服务渠道或提供合适的产品服务，这种对接流量可以看作是闭环中的“身体”。最后，通过电商途径的“四肢”完成营销闭环。

熊猫直播的营销闭环出现了很大问题。直播平台拥有最能吸引眼球的“大脑”，庞大的市场粉丝量也能支撑闭环的“身体”，但“熊猫小店”销售的多为直播平台互动道具、打赏礼品等，销售品类过于单一，盈利渠道狭窄，闭环的“四肢”很脆弱，头重脚轻，闭环无法形成。

缺少盈利扩张的“四肢”，直播平台也就只能勉强维持，直到崩溃。熊猫直播的退出并非“泛娱乐化”模式的问题，而是营销闭环的缺失。

新零售时代，品牌商要善于运用新的营销手段，比如社群营销、场景体验营销、IP 营销等，针对不同圈层的消费者，形成品牌的独特营销闭环。

营销闭环中的新营销思维

在闭环营销模式下，营销不仅包括数据平台和资源的全方位、多维度整合，而且营销不再是传统供应链格局下的简单组成部分，而是跨渠道融合，线上、线下场景融合，回归用户心理，通过技术、数据、内容、场景实现营销的过程。

下面跟大家分享一个营销闭环新思维的例子。

【案例：贝壳找房的闭环新思维】

利用多重营销方式组合，贝壳找房打造房产营销界的超级 IP。为了深度融合线上和线下资源，精准抓住消费痛点，贝壳找房创造了“1+3”新营销模式，形成了营销闭环。

贝壳找房围绕购房业务中的“人”搭建了“1+3”新营销模式。房产营销仍然还是要抓住“人”这个中心要素，也就是“1”；“3”是指“人店 + 直通车 + 新房心选”三种紧密联系购房者和房源的对接业务模式。

贝壳找房能为消费者提供一站式购房平台，更有利于用户成交。直通车业务是将贝壳海量商机通过贝壳参谋导流给项目开发，以促进价值增值转化的一整套营销方案。

根据数据显示，八成的用户在找房时会首先从网络上搜索房产信息，贝壳新房的线上找房利用率最高。同时，依托贝壳找房大信息平台，形成用户线上、线下互动看房，正好可以为房企创建类似于互联网“双11”的活动通道。

营销闭环新思维

下面是营销闭环中3种新营销思维（图3-3）：

图3-3 营销闭环中3种新营销思维

1. 新用户思维

所谓用户思维，就是充分考虑用户的关注点、兴趣点、痛点和利益点，不管是产品开发、价格设置还是品牌传播、推广、服务，都要考虑这些要素。要站在用户的角度考虑产品购买、使用时的场景和想法。

有的时候，可以与消费者一起建立品牌运营体系，让消费者自主参与营销。全渠道营销也必须围绕“人”来做，就是我们说的用户思维。

作为品牌，尤其是稳步发展多年的品牌，大都有思维惯性，缺乏一种创新精神或用户思维模式，提到产品优化和改良时，都容易被传统思维束缚。

设计改进产品时，考虑得更多的是目前的工作流程是什么，怎样既满足新的用户需求，同时又尽可能不对现有流程做大的改动。这种思维方式是不对的，我们首先应该思考的是这样改变对用户是不是有利，是不是用户真正想要的。如果改造的结果，并不是用户希望得到的，那就是无效的。

作为产品，可以接受不断升级或分期改善来实现对用户有效的解决方案，但是营销思维定位首先是对用户有效的，才会再考虑其他因素。

2. 新技术思维

为什么脸书、亚马逊、谷歌、阿里巴巴厉害？因为它们不仅仅是商业模式好，更重要的它们仍在不断开发利用互联网和前沿智能化的新科技。

阿里巴巴其实就是一家技术驱动型的互联网公司。社群、小程序、直播、微信、智能设备、云平台都是新技术。新营销思维就是新在对技术的利用上，这个利用是为了给消费者提供价值，而不是困扰。

比如微信上的社群，你可以把用户组织起来做很多公益，而不是仅仅作为广告发布的渠道。对于像珠宝、汽车、家电等产品，消费频率不高，如果建立社群，就是营造与潜在用户的互动空间，为用户提供价值。

3. 新内容思维

品牌商家要给消费者创造价值，重构消费场景体验，内容营销需要新思维。内容营销已不仅仅是一种营销手段，更是当今产品营销的核心竞争力。

与传统营销直接推荐产品、主打品牌的做法不同，内容营销会先向用户提供满足方案，帮助用户解决实际问题，培养用户习惯和忠诚度。然后，再跨渠道引流用户体验场景购买产品。大多数情况下，当用户信任达到一定程度，用户会主动选择购买产品。

其实，内容营销中的“满足方案”和“商品”本身并不是独立的。恰恰相反，好的满足方案应该成为产品的一部分，甚至是产品的重要组成部分。而传统营销方式喜欢将“品牌”作为核心要素，围绕品牌推广产品。新内容营销设计的产品具有高增值潜力、高市场壁垒、高用户黏性的特点。

在新的营销场景中，内容营销通过醒目的主题、有趣的内涵，吸引用户的眼球，然后通过场景营造，突出用户对产品价值的感受，降低用户对价格的敏感度，刺激其产生感性体验。

品牌自媒体是内容营销最重要的平台和基础，内容营销中满足用户需求信息的发布、传播，购物场景的体验，都需要利用品牌自媒体渠道。

内容营销模式下，用户分享购买体验和感受可能发生在用户购买行为的任何一个阶段，只要内容能激发用户兴趣，消费者会很愿意分享产品内容。因此，新内容思维在营销闭环中占据非常重要的地位。

形成营销闭环，是品牌商市场竞争的核武器。新零售时代的快速变化，要求营销闭环必须不断创新营销方式和思维模式。用户思维、内容思维、技术思维等这些新营销思维如同核武器的弹药，能激发闭环产生巨大的能量，不断持续增加闭环价值。

Part2

坪效革命：从『人』的角度提升品牌商的新营销模式

所谓“坪效”，就是每坪面积所创造的营业额。所谓“坪效革命”，就是从“人”的角度来提升品牌商的新营销。

第四章
寻找新流量

商业因流量而生，对于品牌商来说，“流量”就是多少人进店，线下称为人流或者客流，人流量大的店面叫作“旺铺”。在新营销之下，要求品牌商做的第一件事，就是从“旺铺思维”转换为“流量思维”，所谓“流量思维”就是用户在哪里，品牌商就跑到哪里去，其表现形式主要有被动引流、主动引流、自媒体引流三种。

被动引流

在说新流量之前，先说一说流量的来源。譬如一个已经具有知名度的卖场，每天再差也会有人来过，有人走过就会有机会把客户引到你的专柜前面来，卖场里的自然客流量用完了，就要到有流量的地方去引流，当然是哪里有流量就去哪里找。

一提到引流，很多人脑海里涌现出的就是去外面寻找流量，发微信朋友圈、满世界发小广告、恨不得每个员工的脑门上都贴满宣传单。

其实引流是需要讲究技巧的，首先就是要搞定店前的流量。如果你是卖场里的专柜，应先把卖场里的客流量引到你的专柜前来，只有引好眼前的客流量，才能谈更多的流量。而能主动进入卖场的客户，就是最具有消费意愿的、最精准的客户。

什么是被动引流

被动引流是相比较主动引流而定义的，上面提到的主动到外面去寻找流量、主动发朋友圈，叫主动引流；而非主动的引流方式就叫作被动引流。

比如这一节后面会讲到的乌江榨菜用和别人不一样的外包装颜色来吸引消费者的关注，这就是典型的被动引流。

为什么要做被动引流呢？

现在商业竞争的激烈程度，远远超过以前，各种营销手段层出不穷，消费者几乎生活在广告信息的包围之中。人们见多了各种各样的营销手段之后，自然就会感到厌烦，主动引流的方式会招致许多人的反感，而被动引流的目的却在不知不觉中引起消费者的好感，让消费者主动喜欢上你的产品。

客户行动路线设计

很多人并不了解，被动引流其实无处不在，最典型的被动引流就是卖场里的路线设计。

作为一个商家，不管你的门店处于哪一个区域，都会有不同方向的客户过来，所以，引流的第一步就是分析客户怎么来、走什么样的路线，这个路线就是客户行动路线（图 4–1）。为了争夺客户行动路线，能够最大化地吸引客流量，各个卖场和商家是绞尽脑汁，想方设法研究客户的心理，以求获得最大的利益。

图4–1　客户行动路线需围绕两个方面展开

1. 卖场的聚流

如果你认为不必在意客户行动路线，那就大错特错了。从卖场的布局就可以看出，一些大的卖场是非常讲究客户行动路线的，客户的行动路线都是经过精心设计的。

【案例：红星美凯龙的卖场聚流布局实现被动引流】

比如有一家大超市，在某商业广场的第二层和第三层，超市的入口肯定是安排在第三层，这样消费者直接上第三层之后，会沿路浏览到第二层，最后付款走出卖场。

乐从红星美凯龙是红星美凯龙集团与豪达投资在中国家具商贸之都广东省佛山市乐从镇联手打造的大型家具销售商场，也称为“中国家具制造500强乐从批发基地”。

即使是这么大的卖场，它的客户行动路线也是很有讲究的。整个卖场引流布局有两个原则：

人流动线的规划原则：注重内外沟通，商品类型脉络清晰，注重立体人流的通畅，没有盲区和死角，合理地设置了通道的宽度。

电梯布局的规划原则：货梯和客梯分开设置，实行有效的人货分流；综合卖场定位，避免品牌之间的冲突。

从布局可以看出，这一类卖场布局的原则就是尽可能地留住客户，不让客户轻易离开卖场。只要你踏进这里，商家一定费尽心思地让你消费。我们把这种客户路线设计称为聚流。

类似红星美凯龙这样的卖场，当然是有专业的团队来研究和设计客户行动路线的，这种布局是从整个卖场的全局出发来看待问题的。那么，专柜或者店铺在卖场里的商家又该怎么规划属于自己的客户路线呢？

2. 专柜的分流

在逛商场的时候，你有没有发现一些奇怪的现象，比如你会在同一家大型商场里面见到同一个品牌开的多家分店和专柜，而某两个品牌总是挨在一起。

【案例：阿迪达斯与耐克，根据卖场布局设置专柜分流】

阿迪达斯和耐克，这两个相互竞争的品牌像一对生死冤家一样，专柜永远都要开在一起。当你寻找阿迪达斯的时候，也会去旁边的耐克专柜看一看。

同一家商场里有多个阿迪达斯专柜，那是因为阿迪达斯也是分系列的。比如，三条杠的属于普通系列；三叶草属于经典复古系列；三条线属于时尚系列。另外还有阿迪达斯童装专柜等。

如果阿迪达斯只开一个大店，所有想要购买阿迪达斯的消费者全部挤在一个店里，势必造成很大的管理麻烦。

所以，阿迪达斯采用了和卖场不同的客户行动路线图——让客户分流。根据卖场布局的特性，把不同类型的专柜开在不同的楼层上，让客户可以用最快的速度找到自己想买的产品。

不管是聚流还是分流，最终的目的都是引流。然而，现在的消费者都是很挑剔的，不管你花了多少心思去设计客户行动路线，如果你不能吸引顾客，客流始终自从门前过，不入店中来。

商场里有很多品牌，如果这个品牌没有足够吸引消费者眼睛的东西，大多数人往往都是匆匆而过。这就需要利用另外一种消费心理来解决这个问题了。

第一印象效应

很多人都在说，找对象的时候，第一印象非常重要；也有人说，找工作的时候，面试官对你的第一印象也很重要；而我今天要和卖场里的营销经理说，消费者对你店铺的第一印象也非常重要。

1. 什么是第一印象效应

人与人第一次交往中给人留下的印象，在对方的头脑中形成并占据着主导地位，这种效应即为第一印象效应。

在卖场里，消费者从进门的那一刻开始，卖场的布局、产品的陈列、卖场内的卫生都会直接影响到消费者的消费心理。所以，如果你的产品能给客户留下良好的第一印象，才算是引流的开始，否则再多的客流量都跟你的产品无缘。

这个第一印象效应，通俗地讲就是第一眼原则。第一眼原则并非指你的产品比竞争者强很多，如果你的产品能超出同类产品太多，也无须第一印象效应，消费者一定会趋之若鹜的。可是在实际中，你的产品可能和竞争对手的不分伯仲。如此，怎样才能发挥出第一眼原则呢?

【案例：乌江榨菜，红色包装的视觉冲击力瞬间给人留下深刻印象】

有一天我逛超市，突然回忆起大学时的泡面伴侣：火腿肠 + 榨菜，于是信步去看看这两样东西。火腿肠很好找，整个专区基本上都是红色的，我也分不清好坏，总觉得一分价钱一分货。

然而榨菜却是个成本很透明的商品，不管是哪个价位的，它们之间的区别很小，无非是包装大小不一而已。

我印象中的榨菜都是绿色的小袋包装，一眼就看出商家试图在用绿色的外包装暗示它是绿色食品。这是老套路，因为我在买榨菜的时候，绝对没有过多地考虑它是不是绿色食品。

在一堆绿色榨菜品牌的外包装商品中，我忽然发现中间有一排红色的产品，写着“乌江”榨菜。它火红的视觉冲击力让我不由得不去多看它一眼。于是，它成功地让我产生了第一印象。

这就是第一眼原则，乌江榨菜把自己的包装换成了红色，成功地吸引了消费者的眼球，从众多品牌中抢夺流量。

差异化的营销策略就是要让消费者在第一时间注意到你，就比如乌江榨菜，当别的榨菜品牌都是绿色外包装的时候，乌江榨菜就成了别的绿叶捧着的一朵红花。而这种看似简单的脱颖而出，实际上是跟设计有关。

2. VI 视觉设计

和产品的第一印象最息息相关的就是产品的 VI 设计。什么是 VI 呢？VI 全称 Visual Identity，即企业 VI 视觉设计，是企业 VI 形象设计的重要组成部分。

提到 VI，人们首先想到的就是企业 LOGO，但是视觉设计包含的内容可不仅仅只是 LOGO，它还包括企业中的更多内容。VI 设计一般包括基础内容和应用内容两大部分，视觉识别系统也分为基本要素系统和应用要素系统。

基本要素系统包括名称、LOGO、标准字、标准色、图案等；而应用要素系统包括办公用品、产品包装、旗帜、招牌、衣着制服、橱窗陈列等。VI 在 CI（企业形象识别）中最具有传播力和感染力，也最容易被大众所接受。

【案例：古茗奶茶，独特的 VI 视觉设计快速引流】

在我们的习惯思维里，奶茶一般都是给小女生们喝的，而传统的奶茶店的样子都是粉粉的，或者色彩缤纷的。这样的店一般开在周围都是用五颜六色装饰的店铺的街面上，如果不仔细找，都不一定知道那是奶茶店。

可是古茗不同，古茗以黑色为背景，店名占满整个招牌的中间，辅以白色的漏光灯，一整面的黑色背景，加上醒目的白色大字，尤其是在天刚刚黑下来的时候，你想看不到这样的招牌都难。试想，如果有一对年轻的初恋男女，想要在这条街上约会，古茗无疑是最好的约会地点。当那个思念的身影出现在古茗店前的那一刻，年轻人心中的期盼瞬间就会被甜蜜所填满。

这就是古茗所带来的视觉冲击的效果，也是古茗吸引流量的独特方式，让顾客第一时间注意到你，这是营销的开始。

红星美凯龙卖场通过客户路线设计来达到一种被动地留住客户的目的；而古茗茶饮则是通过醒目的 VI 设计来被动地吸引客流量。这一切，都比主动花钱打广告，或者主动上街揽客的效果要好得多。

然而，被动引流毕竟不能代表引流的所有方式，很多时候我们还是需要主动出击，去直面消费者，为我们品牌带来客流量。

主动引流

在如今电商盛行的时代，还是有不少消费者喜欢逛线下的实体门店。马云新零售的推行让实体店又焕发了青春。然而，纵使新零售运用了再多的引流方法，线下的实体店还是不能只依靠线上引流。

随着营销手段的不断变化，主动引流的方法也越来越多，既有传统的引流方法，也有创新的引流方法。不管是哪一种模式，究其根本，都是为了寻找更多的新流量。

上一节我们讲了被动引流的概念，这一节我们就来讲一讲当前主动引流的方法。

传统引流的特点

众所周知，线下的流量是有限的，位置的好坏决定着你店铺流量的多少。尽可能多地把顾客吸引到自家门店里来，这对增加业绩是至关重要的。

传统的引流方式无非有产品拦截、活动拦截、店员拦截、促销拦截、试吃、庆典等。所有这些手段，最本质的特点是营造繁忙的消费场景，追求广告效应和吸睛效应（图 4–2）。

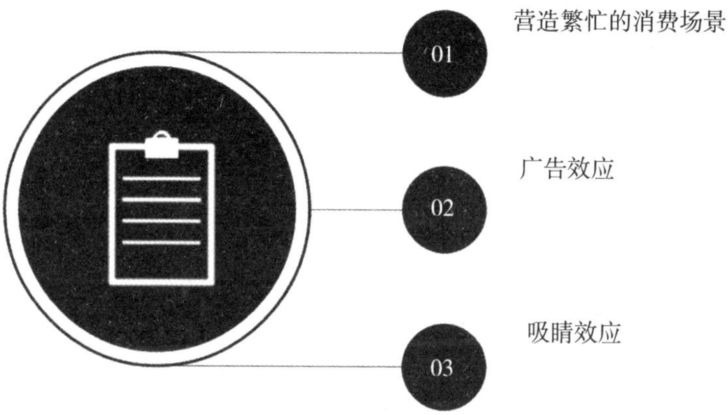

图4–2　传统引流的特点

1. 营造繁忙的消费场景

店铺不能闲，空荡荡的店铺会让路过的人以为这里的产品不好，所以，要让店铺随时看起来都有生意，才容易吸引店外的人进来消费。

想营造热闹的氛围，就需要做各种活动，比如促销、打折，或者请人来做活动等，人气增加了，客流量自然也会增加。

2. 广告效应

在店铺附近派发广告、贴地贴、放置广告牌，目的都是为了让周围的消费者知道店铺里有什么样的产品存在。新出现的联盟营销也是通过店铺跟其他一些餐饮、健身、培训等领域的商家合作，派发代金券、优惠券等福利，来拓展广告效应。

3. 吸睛效应

引流的另一个目的就是吸引顾客的关注，我们称为吸睛效应。

典型的比如店铺的开业庆典、周年庆等活动；再如一些店铺还会做现场直播，花钱请网红、主持人甚至名人来现场做宣传等。

传统的引流方式很容易被模仿，而且随着花样的推陈出新，消费者已经越来越感到审美疲劳。于是，一些品牌商就有了新的引流手段。

新渠道：精准场景，人群叠加

传统的模式走不通了，必然会有新模式出现。既然是新零售时代，就要运用互联网思维对商业模式重新定位。

如果说传统的企业仍然停留在产品创新的层面，依旧把产品与销售分立，那么带入互联网思维的创新型企业就需要考虑商业模式的转变了。

模式创新：一切以用户体验为核心

小米是最早将“用户体验”这一概念炒火的品牌，小米的粉丝经济和口碑营销成为品牌销售的突破点，而这一切都离不开用户体验。这些年，已经很难打动消费者了，或许只有360度无死角的用户体验，和让人尖叫的产品才能让消费者为之埋单。

【案例：沃富林的音响改装，让忙碌疲惫的消费者“逛完万达，听着演唱会回家”】

就汽车后市场而言，随着市场保有的汽车数量越来越多，所有和汽车相关的产业都是足以令人垂涎的蓝海。可是，这么大的一个市场，又有多少企业真正能产生较大的影响力？

沃富林是做汽车音响改装的，他们最初也把店开在了汽配城。然而，和众多同行一样，除了相互竞争，也无法走出销售的困境。

“逛完万达，听着演唱会回家”这是沃富林万达体验店的广告语。沃富林表示万达作为集吃喝玩乐为一体的大型卖场，加上万达一直以来对用户体验的重视，这和汽车音响改装的目的是不谋而合的。而当下的购车主要消费群体为 80 后、90 后，这也是万达主要的消费人群，二者默契度很高。

传统的汽车音响改装都是开在汽配城或者 4S 店精品区，单一的业态不足以满足消费者的综合性购物体验，也不符合这个年龄段消费者的购物习惯。

根据沃富林提出的“3 小时模式”，当顾客在网上下单，来万达之后把车交给沃富林，等到顾客逛完万达，音响也改装好了，可以直接开车回家。

这就是沃富林所做的模式创新。

类似沃富林这样新的创意模式还有很多，如药店里的云南白药药膏、滴滴车内的“魔急便 MobileGo”。

纵观这些新创意，它们都有一个共同的特点，那就是新场景下的“异业联盟”，或者说把两个不相干的销售场景结合在一起，形成一种互相依存的新的销售模式。

【案例：零时尚女装引流，与美容院强强联手创造碟衣 Box 新模式】

北京有一家创业公司叫“零时尚”，这家公司专门把女装店铺开在社区里。零时尚的目标消费者，就是社区里的女性。可是，零时尚在发展的同时也遇到了流量天花板。

作为一个目标消费群体很明确的商家，零时尚考虑的是如何寻找消费者。除了服装店，女性消费者还经常出入美发店、便利店和美容院。零时尚和美容院联合起来，创造出一种“碟衣 Box”的新商业模式。

美容院的员工和顾客有充分的信任关系以及大量的交流时间。经过美容院员工的推荐，顾客在零时尚的 App 上完成详细的个性特征识别，能够申请免费试穿一盒专门量身定做的衣服。

如此，美容院舒适的环境，员工和顾客之间的信任，直接增加了推荐消费的可能性。这就是新模式下的主动寻找流量。

几天之后，顾客再去美容院，一盒衣服已经送到，盒子内还有详尽的穿搭介绍，客户可以一件件地试，在专业穿搭的建议下，无形中增加了很多销量。

这个模式受到了美容院极大的欢迎，同时也给零时尚带来了大量的业绩。

沃富林和零时尚通过新的渠道，找到了新的流量池，这是典型的主动出击，主动引流的结果。

自媒体引流

随着新零售的推广，慢慢已无法单纯地区分线上和线下了。新的商业模式，可以是线上下单，线下消费；也可以是线下付款，线上体验。尤其是自媒体爆红之后，由自媒体带入的流量更是成为大家谈论的焦点。

自媒体能引流，这是一个不争的事实，而且已经有很多品牌依靠自媒体受益良多。而自媒体带货，只是其变现的一种方式。

自媒体经济的形成，也不是一蹴而就的，它也经历了从博客到微博，从朋友圈到小红书的转变，抖音小视频以及网红大行其道，各品牌商都在想尽办法占领自媒体这块高地，其目的无非就是获取更多的流量。

那么自媒体究竟能带来多大的流量呢?

新技术下的自媒体大V带货

几年前，当徐静蕾在博客上爆火的时候，我们以为那只是文青的一片新阵地；当“微博女王”头衔出来之后，我们还以为这只是姚晨的明星效应；可是当微信、小红书和更多的明星大V们带来流量之后，自媒体时代的盛宴开始了。

随着品牌影响投入向线上的逐渐转移，品牌商和明星们的合作越发密切，在中国市场，很多品牌不惜削减传统媒体的广告投放，也要在KOL（关键意见领袖）的推广上一掷千金。粉丝数量多的明星不一定能为品牌带来更高的回报，在自媒体时代，大V的带货能力已经成了检验其号召力的第一标准。

这是一个在营销领域网红作用堪比明星的时代，相比明星的单一代言模式，大V的盈利方法和推广模式又有新的创新，直接带货能力让人侧目。

【案例：双面林允，白天拍戏当明星，晚上变身美妆博主直播，开启自媒体带货新时代】

林允成名后，就开始当美妆博主，在小红书上大展拳脚。因为她推荐的东西都评价很好，所以很受大家喜欢。据说现在林允的推广已经排到3个月后，也就是说你现在看到的她推荐的产品都是3个月之前安排好的。

林允在其某个视频中，化妆师仅仅分享了一个拉长睫毛的睫毛膏，就导致这个品牌3个月内上架的货物售罄了5次，足见其带货能力之强。

在2018年的8月，林允的小红书推广费高达100万元，然而在6月的时候，我们当时还在为她几十万元昂贵的推广费而感到惊讶。实在不敢相信，短短两个月，数额增长如此之快。

我们只能感叹，明星白天拍戏，晚上当美妆博主，开个直播，轻轻松松进账 100 万元。这就是自媒体带货的时代。

放眼国内，品牌与大 V 之间的联名合作已经越发频繁，品牌商看中的是大 V 身后粉丝们所带来的销售转化。所以，在自媒体时代，“大 V 带货”这四个字正慢慢取代日渐衰落的“明星效应”。

IP化空间：网红时代的打卡店

当代思想家张荣寰说：IP 是生态。

IP（intellectual property）原指知识产权，但发展到现在，IP 的概念不再局限于知识产权这个领域，有了更丰富的含义，叫作“泛 IP”。

IP 化需要经历定位、塑造、传播、分发和落地。在自媒体时代，谁拥有最多的内容场景、最多的品牌曝光机会、最多的产业宣传机会，谁就拥有了驾驭 IP、获得红利的能力。众多品牌都在一手抓用户变现，一手抓整合资源。各个领域都在出现 IP，鲸吞着资源和用户，都有贯通先验抽象、经验具象和超验设想的能力。

【案例：奈雪の茶，关注用户体验，勇敢创新，一跃成为茶饮行业的独角兽】

2018 年 8 月，奈雪の茶重庆北城天街店正式开业，这是继重庆万象城店和源著天街店之后，该品牌入驻重庆的第三家门店。至此，奈雪の茶已经覆盖全国十几座城市，门店数量超过 80 家，所有门店均为直营。

作为新式茶饮行业的佼佼者，奈雪の茶从品牌创立时起就关注用户体验，在产品和店面设计等方面做了创新尝试，因此成为众多茶饮爱好者的打卡之地。

奈雪の茶认为，女性是茶饮消费的主流群体，所以，其对杯身做了多次改进设计，最后确定了最适合女性手握的尺寸；而在盖子的饮口处，特意进行了凹槽处理，方便女性在品尝时不沾染口红；奈雪の茶对盖子的方向也做了改进，为了方便拍照，盖子不仅要便于饮用，还要让logo的朝向更适合拍照效果。

奈雪の茶遍请国内外众多设计师携手尝试不同风格的设计，在保持品牌协调性的基础上，让空间的概念性和主题性得到更加强烈的表现，让顾客能够在轻松、包容的环境中尽情享受食物的美好。

2018年，奈雪の茶完成A+轮融资，估值60亿元，成为茶饮行业的独角兽。

抛开全国各地的特色店铺，我们来说一下霸屏抖音的网红打卡地。其实每一座城市都有一批网红打卡店，这些地方，即使是在“化妆两小时，脱妆五分钟”的最炎热季节，也能让姑娘们乐此不疲地涂上最爱的口红，去造访最漂亮的店，然后美美地拍上一下午。

渔芙南

坐标：北京市西城区阜成门内宫门口头条49号。在阜成门胡同里的一家设计师餐厅，设计简约有格调，特色为正宗湘菜，从装修到菜品，都有逼格。

7unique

坐标：北京地铁八通线传媒大学站C出口附近。7unique下午一点半开门，装修风格是INS风和少女感结合，每一个角落都经过精心布置。进门再向里就是海洋球泳池，就连甜品和饮料的颜值也是少女风，红丝绒蛋糕、彩虹蛋糕等，无一不透露着甜美的气息。

20cafe

坐标：上海法华镇路25弄3号。简约韩式中带着工业风的咖啡店，特别适合年轻女孩去。

当你还在为引流发愁的时候，这些网红打卡店已经被挤破了门槛；当你还在为打广告发愁的时候，这些网红打卡店却在各种自媒体上不停地轮播粉丝拍的照片，这就是新的商业创新模式。

第五章 提高转化率

想尽办法，得到了更多、更有效和更便宜的流量之后，品牌如何提高转化率？对于品牌商来说，转化率就是进店的人最终有多少人买了东西，线下称为成交率。在新营销之下，品牌要提高转化率，可以通过四大方式，即客户时间设计、IP 化产品与爆品战略、社群营销、场景体验——所见即所想。

客户时间设计

所谓的客户时间设计，就是设计消费者愿意花在你的店里的消费时间。

客户愿意花更多的时间在你的产品上，说明客户的消费欲望更强烈；反之，如果客户来了之后，只是匆匆看了一眼就走了，或者只是买了某一个产品就走，这说明客户的时间设计不足，你的店铺未能让客户产生更多的消费欲望。

显而易见的道理是，客户停留的时间越久，店铺内的产品转化率自然就越高。如果一个客户每天都愿意花时间在你的店里，那么这个客户对你的店来说一定是忠实粉丝。留住客户的时间也是有技巧的，这个技巧就叫客户时间设计。

五觉定位营销

在营销中，为了留住客户，会使用一种方法叫五觉定位营销。那么，什么是五觉定位营销？

通俗地说，人都是通过五觉来认识和感知世界的，大多数服务或者产品，尤其是和日常消费相关的产品，实质都是在五觉上做文章，以刺激消费者的感觉，让客户有舒心、愉悦的感受。

一家餐饮店的成功不仅仅在于菜品的品质，还要看它能给前来消费的客人什么样的感受。

【案例：星巴克，给客户营造一种“喝的不是咖啡，是感觉”的美好感受与体验】

说到喝咖啡，很多人就会自然而然地想到星巴克，仿佛只有星巴克的咖啡才是值得品味的咖啡。也正是因为这个原因，无论在哪座城市，只要有星巴克的地方，里面总是看到三五成群的好友聚在一起聊天喝咖啡。

相信在任何一座城市，可以供人们聊天聚会的咖啡店绝对不止星巴克一家，而且大多数咖啡店的人均消费水平比星巴克要低，消费者完全可以选择去别的地方喝咖啡，可是为什么他们最终还是选择了价格相对较高的星巴克呢？

“我喝的不是咖啡，是感觉。”很多去星巴克的人一定会如此说。前来星巴克消费的人，当然不是只为咖啡而来，而是寻找一种感觉，一种时尚的感觉和生活的品位。从消费心理角度讲，人在消费的时候很奇怪，吸引和满足人的并不一定在于事物本身，而在于事物能赋予消费者什么意义。星巴克之所以成功，就是把握了人的这种消费心理。

店中大到整体装修，小到简单的咖啡杯和咖啡勺，都是精挑细选出来的。消费者进入星巴克，听到轻缓而浪漫的音乐，见到视野开阔的落地橱窗和极富情调的装饰布置，心情自然就很舒畅。

当消费者置身在这样的环境中，这一切除了咖啡给消费者的心灵满足之外，还有其他感觉带给消费者的享受。一旦进入这样的环境中就不想离开，在不知不觉中，星巴克已经把消费者留了下来。

很多人在分析星巴克案例的时候，往往习惯性地把它总结为“体验式营销”策略的成功，而掀开这件外衣之后，里面的本质就是星巴克在调动人的五觉，通过人的五觉感受去创造一个特殊的氛围。

通过五觉，人的感受和产品或者服务接触，通过视觉去看、听觉去听、味觉去尝、触觉去摸以及嗅觉去闻，来切实享受消费所带来的快乐。这一切的精心设计，都是为了留住消费者，让消费者愿意把时间花在星巴克店里。

5in理论（图5-1）

在移动互联网时代，传统的营销手段或是经典案例已经难以适应市场，新生代的消费者们带着挑剔的眼光，在审视着商家。

在传统的营销时代，产品或服务是“教堂式”的，由上而下，你售卖物品，消费者只能被动接受。而新时代的消费市场是集成式的，消费者和商家都是多向选择、互动式流动。每个消费者都带有了“长尾”式的消费需求，客户会用自己的方式去选择商家。

1. 兴趣（interesting）

兴趣是基础。娱乐是大多数人共同的兴趣点，泛娱乐化的内容是所有话题的通行证。制造一些趣味性和娱乐性的元素来吸引消费者，是留住消费者时间的有效方式。

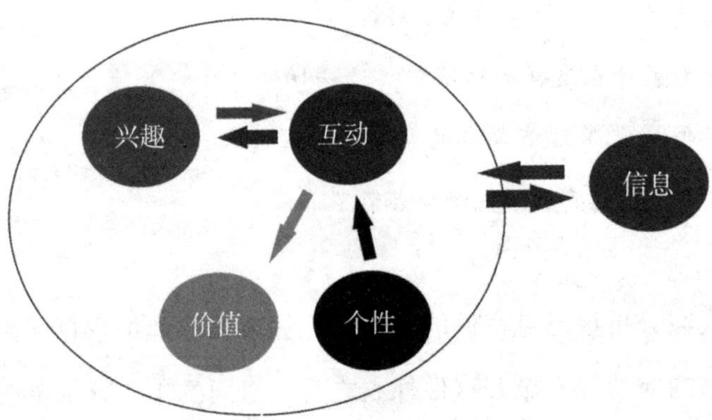

图5-1　5in理论

2. **互动（interaction）**

互动是手段。不要让消费者被动地接受服务，要和消费者产生互动。把消费者作为一个主体，发起和品牌之间的平等互动交流，可以为营销带来独特的竞争优势。而科技时代的到来使许多科技元素如AI、VR等增强了与消费者的互动感。

3. **价值（invaluable）**

传递价值是目的。传递产品价值，传递品牌价值，在终端让消费者对产品和品牌有更深的理解。

4. **个性（individuality）**

获取个性化的数据是目的。个性化在这个时代的重要性是如此凸显，相对于大街上人人都在穿，而全世界独此一件专属的诱惑力显然更大。因为精准，所以诱人！单独的个性化营销成本太高，但是细分人群却可以有效降低成本。

5. **信息（information）**

获取大数据信息是最终结果。“千人千面”是每个品牌商的追求。针对性的消费者画像能够便于品牌商进行产品开发、有效传播与沟通。

服务触点设计

在谈论服务触点设计之前，我们先来说一下什么是服务触点。服务触点即基于服务业经营中，商家对人际接触的重视，以及在纯粹服务的情景中，影响客户满意度和再次消费与否的因素。

前面两节中谈到的五觉触点以及五in触点，都是力求把用户从理性消费转移到感性消费中来。当消费者感知到更多的触点的时候，感性的一面会慢慢提升，比如触摸到好看的物品，闻到好闻的味道，听到悦耳的音乐，在不知不觉中消费的意愿会增强。

我们需要把消费者从理性的感知中解放出来，让客户心理中形成更多的感性成分，让交易的成功率大大提升。为了达到这个目的所做的一切，就是服务触点设计。而服务触点设计的目的，就是为了增加客户留在店里的时长，延长消费的好时段，缩短等候的差时段。

【案例：海底捞，极致的细节服务给客户宾至如归的感觉】

说到吃，相信很多人会想到海底捞，作为一款著名的火锅品牌，它在餐饮界的地位是靠服务树立起来的。而海底捞的服务堪称是绞尽脑汁甚至变态式的。

一家做餐饮的，从消费者进门的那一刻起，为了想办法留住客户，最常见的做法是服务员干净上茶。当消费者手捧一杯香气扑鼻的茶的时候，心情就会放松下来，接着就会产生“别走了，就在这一家吃”的想法。

现在去海底捞，因为生意太好排队是难免的。在海底捞的排号区，放着免费的水果、饮料和零食；如果消费者是一群人同去的话，还会为其送上扑克以及桌游。

如果你是女士，在等待入座之前，你还可以享受免费的美甲、擦鞋、护手等服务。

进门刚坐下，服务员把手机袋和小围裙都早早地准备好了；紧接着一人一只热毛巾会贴心地递到你的面前；和点菜平板一起呈送到消费者面前的是一个小小的皮筋和擦眼镜布；在你享受美食的过程中，不会因为杯中少水而呼唤服务员，也不会来来去去取蘸料和水果，这一切，在你想行动之前服务员早已经帮你解决了……

你以为这样就算完了？不，海底捞之所以出名，是因为还有更夸张的服务。有一位网友说她一个人去吃海底捞，店员看到孤零零的她，而周围都是成双成对的，居然抱出了一个人形布娃娃放在她的对面，让娃娃陪着网友一起吃火锅。

正因为海底捞把服务细节做到了极致，所以才让人感动。我不禁要问，为什么海底捞要做这些服务？从表面看，这么多额外的服务和吃根本就联系不到一起去，难道说海底捞在做无用功吗？

不，海底捞这样做肯定是有目的的。

所有这一切，都是为了留住消费者的时长。比如拿海底捞休息区的服务来说，消费者已经坐在这里，可是并不代表他一定要在这消费。等待是消费者最不耐烦的事，而怎样想方设法把消费者留下，就是商家的本事。留住了消费者，就是留住了业绩。从这一点看，海底捞做什么样的服务都不过分。

这一切都是主动设计的。海底捞做的所有的服务，都是从服务触点来设计的，都是为了带给消费者更好的享受。比如进店之后的热毛巾、手机袋、小围裙，这是触觉享受；舒缓的音乐，这是听觉享受，等等。服务的每一步，一环套一环，最终让消费者不忍离去，还想再来。

超出客户预期的服务触点体验。当服务形成一种惯例，一般的服务——比如我们上面提到的餐饮店常用的茶水服务，已经渐渐难以让消费者感到满意了。所以，就需要有超出客户体验的服务，才能给消费者留下印象。

我想如果在店内装上一个衣柜，在为顾客奉上茶水的同时，贴心地把消费者的大衣平整地挂在衣柜里，一定会是一个很好的服务触点。海底捞做到了超出客户的服务触点体验是其成功的因素之一。

IP化产品与爆品战略

品牌商为了打造爆品，实现产品 IP 化，当务之急是要制订营销战略来快速提高产品转化率。那么，具体该如何做呢？

爆品营销

爆品营销就是用最快的速度推动产品进入市场、快速实现阶段性业绩目标，并产生品牌轰动效应的营销模式。

只要是合法经营的产品，能够满足消费者的需求，只要市场条件具备，任何产品都可以打造成爆品。打造爆品的核心不在产品本身，而在营销策略。

说到爆品营销，没有人能撼动杜国楹的江湖地位；而谈最新近的爆品案例，当然要首推小罐茶。用一个品牌来诠释什么是营销，杜国楹给全国七万家茶企上了一节销售课。下面为大家解析小罐茶的爆品战略（图 5–2）。

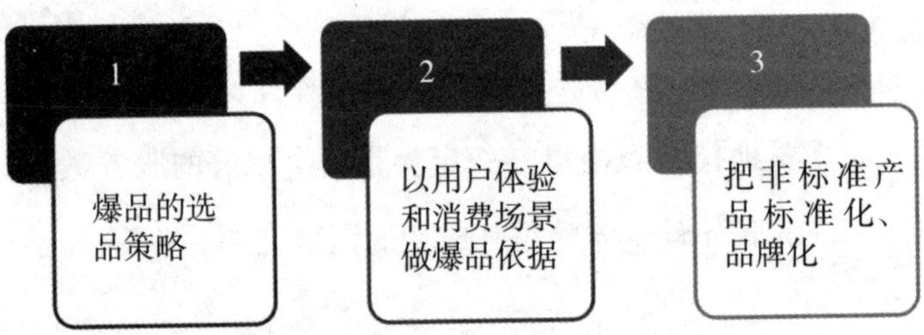

图5–2　小罐茶的爆品战略

1. 爆品的选品策略

【案例：小罐茶，茶叶中的轻奢品空位】

杜国楹认为中国的市场上有三种茶，第一是百姓口中的柴、米、油、盐、酱、醋、茶的“茶”，是农产品的茶，是大宗交易的茶；第二是消费者口中的烟、酒、茶的“茶”，是消费品，是品牌茶；第三是琴、棋、书、画、诗、酒、茶，是发烧友品的文化茶。

大多数人只是从茶的消费属性去理解茶的含义，比如年产多少万吨、种植了多大的面积，这种定义给茶赋予了更多农产品的标签。而如果重新定义茶，它应该跟烟酒的属性一样，如果想把茶做出爆品，无疑应该选择跟烟酒行业一样，商业价值更大的品牌茶。

小罐茶的定位，就是茶叶消费者心中的一个“空位”——茶叶中的轻奢品。而这个位置在烟酒行业里早就存在了，比如中华烟、茅台酒。

其实在小罐茶推出之前，市场上也有一些传统的轻奢品牌，比如天福、竹叶青、八马、白沙溪等。但是，这些品牌所形成的轻奢品牌形象是有漏洞的，最大的漏洞就是这些品牌等级太多、价格高低差别太大。

今天的小罐茶从一定程度上讲，就是当年安徽雾里青的超级加强版。当年的雾里青是在安徽市场上极受欢迎的高级绿茶品牌，鼎盛时期高端绿茶销量超过了当地的谢裕大黄山毛峰。它凭借长时间聚焦于一款包装、一个等级、一个价位传递的高端绿茶地位，占领安徽高端绿茶市场多年，成为一个传奇。

2. 以用户体验和消费场景做爆品依据

做爆品一定要了解消费者的认知，当前的消费主力军是 80 后、90 后，但是在年轻人眼中，茶叶是一个什么形象呢？

第一个印象是土，年轻人觉得茶叶跟时尚不沾边，比去星巴克喝咖啡格调低；第二是老，端着茶杯喝茶的，都是中年大叔形象；第三是麻烦，一套茶具看得人眼花缭乱，更别说复杂的喝茶流程，不如街边上拿着走的奶茶；第四是贵，动辄一斤几十万、上百万的价格，关键是还分不出真假。

茶叶的消费场景主要有三个，即买、喝、送。买的时候，一般人面对太花哨的包装和纷乱的价格，没有选择的标准；喝的时候，过于烦琐的流程，不方便日常生活；而送茶叶，也看不到明确的价格，买的人很难衡量价值。从根本上说，消费者都是害怕花了钱，吃亏上当。

小罐茶把中国的八大名茶从整体份额上对比较高级的品种做了选择，让每一种茶都来自原产地，寻找每一个品种中顶级的制茶大师做指导，达到茶叶的统一认知和体验标准。

要想把一种商品做爆，本质就是给产品本身做加减法。对于大家都熟悉的产品，应该做加法，让其显得更加高档。比如一碗普通的面，给它赋予各种不同的吃法，让它变得不再普通。而对于茶，面对众多不懂行的消费者，应该给它做减法。

品牌商应该用自己的专业能力帮消费者做出选择，工艺、价格、包装都要统一，明明白白地告诉消费者，你的这个消费层次，喝这个就是对的。消费者需求的痛点，就是产品策略形成的依据。

3. 把非标准产品标准化、品牌化

过去，喝茶是没有标准的，茶叶的标准化程度本来就低，如果不给一个等级的茶叶穿一样的外衣，茶叶本身的价值感和标准就体现不出来。

小罐茶所做的，就是把这种不标准重新定义标准，把小罐茶像烟酒一样当快消品来经营，把轻奢等级的茶叶当奢侈品来设计。

小罐茶的每一个罐都是铝合金制造的立体储存罐，这种包装保护了茶叶不因挤压破碎，从外观上看起来有质感且高大上；每一罐都是传统工艺，大师制作；每一罐等于一泡，重量相同，方便卫生；每一罐一个等级，一个价格，定义轻奢，简化选择；三套茶具，是给招待、自饮、出行的三种不同方案，就连杯子的容量都是按照5分钟内水温从100摄氏度下降到60摄氏度来设定的。

小罐茶专业的体现，就在于通过专业的力量把过去复杂的茶叶简单化，让传统茶企业在产品上花费的复杂功夫全部简单化，让工夫茶回归到简单的生活中来。小罐茶通过统一的包装、统一的重量、统一的等级、统一的价格、统一的标准，帮助消费者重新建立对好茶的认知，让茶叶从慢销品变成快销品。

对于消费者而言，当看到小罐茶的时候，剩下的，就是挑哪一种茶来买而已。

4. 让爆品拥有最大的消费市场

爆品要做的是快销品，爆品不能只在小众消费者群体里流行；茶叶应该建立年轻的品牌，而不是只有少数人消费的茶文化。但是传统的茶文化是隔绝年轻人的，为了吸纳年轻人，茶叶就必须和当前的时尚生活方式相融合，来突出茶叶的现代感和时尚感。

小罐茶和传统茶的差异有三点：

首先是形象，小罐茶的外在包装等于是给传统的中国茶穿上了西装，让茶叶有了和咖啡同样类型的形象，包装拉开了其与传统茶叶之间的差距。

其次是视角，年轻人喝茶的视角和上了年纪的人喝茶不同，年轻人追求的是新鲜、高品质、健康以及食品安全。

最后，小罐茶所有这些做法都是在给传统的茶文化做减法，越是复杂的产品，就越需要做减法，这样才能成就爆品。

IP化产品

品牌是一个企业的无形资产，是消费市场上的一种识别标志、一种消费的价值理念，是品质差异的核心体现。

没有一个消费者能说一个品牌只有对其产生心理情感的价值，他才会去消费的。好感只是情感价值的一部分，消费者需要积累到一定的情感价值之后，才能达到对品牌的整体认同。这也是产品 IP 和品牌文化的不同。

尽管产品 IP 与品牌文化有所不同，但是他们之间的关系也有重叠的地方。产品 IP 化是受商业动机支配的，通过文化内涵来强化品牌影响力，从而谋求商业利润的最大化。

【案例：小茗同学，有趣好喝、轻松开怀的冷泡茶与消费者快速产生共鸣】

“小茗同学”是统一集团面向 95 后年轻群体开发的冷泡茶饮料，不同于市场上的其他产品，这款饮料从包装到营销，满满的都是年轻的属性。品牌商通过制造专属的“小茗同学”的形象来提升品牌辨识度，性格逗比、贱气的小茗同学，他的冷幽默让生活再也没有烦恼，这一点恰好和冷泡茶的工艺口感一拍即合，满足了目标消费群体的情感需求。

然而很少人知道，小茗同学在上市之初，茶饮市场是处在一个内忧外患、同质化严重、市场死气沉沉的环境之下的。小茗同学在消费者身份洞察的基础上提出最核心的品牌定位：做一款有趣、好喝、轻松开怀的冷泡茶。

随后，小茗同学确定其产品人物形象，一款人性化鲜明的茶饮就诞生了。

小茗同学是如何打造IP化的呢?

目标群体是95后，而95后是怎样的一群人呢？他们比90后更年轻、更活跃、更个性化、思想更开放、追求更新鲜的事物等。但是这些东西对于年轻人来讲都是一样的，70后和80后，他们18岁的时候也经历过。

很多人总以为每隔一段时间，年轻人群体就变了，其实年轻人永远没变，变的是慢慢长大的年轻人的外部环境。媒介，从最初的报纸到电脑，到现在的手机。信息的获取越来越碎片化，而信息量越来越大，各种不同的论调也越来越多。变化的不是年轻的特质，而是这些环境因素而已。

针对这种外部特点，想要打入年轻群体的小茗同学决定互联化、开双V、讲笑话、放低身段搞转发。

更Q、更醒目的包装，逗比的形象设计，好玩的属性，这一切都代表学生群体，让消费者产生共鸣。正是这些行为，让小茗同学IP化逐渐走向成熟。

产品IP化的终极目的并不是追求价值和文化认同，产品IP化提供给消费者的不是功能属性，而是一种情感寄托。只要产品本身体现出特定的情感元素符号，就能增强产品的竞争力。比如小茗同学，其推出的年轻属性本身并不是要求消费者认同他的文化，而是让消费者在小茗同学这个IP符号上找到情感。

社群营销

说到自媒体商业模式的创新，社群经济就是绕不开的话题。社群经济指的是在互联网时代，产品和消费者之间不只是单纯的链接关系，而消费者开始关注附着在产品之上的内容，从而建立情感上的无缝信任。

简单点说，就是一群有共同兴趣、认知和价值观的用户相互抱团，形成群蜂效应；他们一起互动、交流和相互影响，然后对品牌产品形成反哺的价值关系。这种建立在品牌和粉丝群体之间的信任和反哺及其形成的自循环经济系统，就是社群经济。

“三个爸爸”的8个微信群

【案例：三个爸爸，婴儿空气净化器让孩子安心，让天下父母更放心】

“三个爸爸”是卖婴儿空气净化器的。2014 年品牌创立之初，“三个爸爸”打起了“给孩子提供更加安全、放心的空气”的营销口号。随即，在当年 9 月京东众筹平台上线 30 天，众筹总额突破 1122 万元，一跃成为国内首个突破千万的众筹项目。

这一切都是“三个爸爸”玩社群营销玩出来的。当年 4 月的时候，“三个爸爸”调查了 700 多个孩子的父母，并为这些人组建了 8 个微信群。在这 8 个微信群里，“三个爸爸”不断在微信群里扔问卷、发红包，通过各种方式保持社群的活跃度。

最终，利用三个星期的时间，总共挖掘出了65个消费痛点，比如本来“三个爸爸”以为儿童净化器应该做成迪士尼那样五颜六色的，可是大多数父母却不希望孩子靠近净化器，用户希望的净化器和大白一样，只需要安静地待着就好。

这700人的社群最后走的人很多，但是留下来的100多人都认筹了“三个爸爸”。这就是“三个爸爸”的社群营销。

逻辑思维的“真爱月饼”

逻辑思维将一直标榜的“社群经济”玩得风生水起，不管是它的招募会员的计划，还是它推出的“真爱月饼”，还是它宣扬的“如何带领会员吃一顿‘霸王餐’”都是典型的社群营销。

【案例：逻辑思维，“真爱月饼”，检验真爱】

“真爱月饼”是由逻辑思维发起，通过众筹的方式来寻找战略伙伴，最终在其微店和顺丰优选上架销售。

首先，用户可以在逻辑思维的店铺内选定月饼的数量、填写信息和地址并下单，然后找人代付，再将付款链接发送给朋友或者分享到微信朋友圈内，等待其他小伙伴来付款，以此检验真爱。

经过100天的销售，最终“真爱月饼”以40380盒的销量结束。

要玩转社群营销，必须具备以下条件（图5-3）：

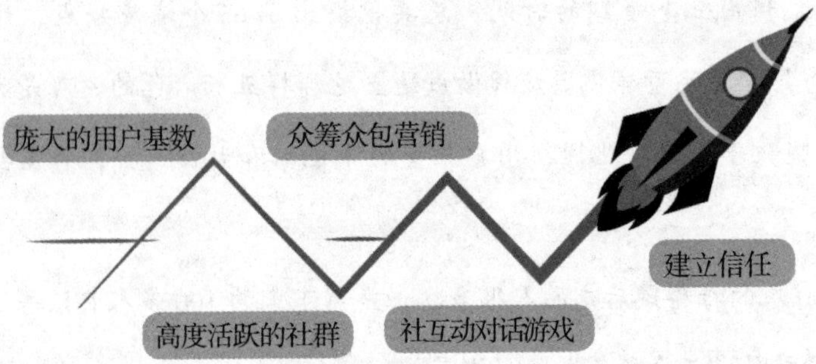

图5-3　玩转社群营销需要具备的5个条件

1. 庞大的用户基数

逻辑思维的“真爱月饼”营销能变得到如此成功，很大原因得益于罗振宇本身的知名度，以及逻辑思维社群的庞大用户基数。

2. 高度活跃的社群

逻辑思维目前拥有256万微信订阅，25000名会员，日活跃人次达几十万，在这样一个活跃的社群环境中做活动，是保证活动顺利进行的基础。

3. 众筹众包营销

在整个“真爱月饼”的营销中，众筹模式是关键。按照罗振宇的说法，在销售完成之后，要给众筹对象分成，而月饼活动的众筹对象只针对逻辑思维会员。真所谓一箭双雕，肥水不流外人田。

4. 互动对话游戏

“真爱月饼”的所有内容，每一个环节都在网上一一曝光，每一个环节都是话题的引爆点，每一个引爆点就是一次宣传。

5. 建立信任

在销售活动结束后，罗振宇公开发布了此次销售的报告，并将所有的步骤、销售状况以及盈利状况都摆在了用户面前。这种公开化的做法，在社群里很容易赢得用户的信任，增加社群成员的好感。

罗振宇的社群营销实验还远没有结束，而社群营销这个借助互联网快速崛起的商业形态目前仍处于进化状态，对于它的前景，有人已经断言社群经济会是下一个新经济的风口。如罗振宇所说，只要社群建立起来，有没有他本人已经不重要，只要平台在运转，任何人有好的想法，都可以借助这个社群平台发起活动。

场景体验——所见即所想

随着“互联网+”的概念大行其道，各种传统行业推出的“互联网+传统行业”的理论备受关注，有的品牌借助风口乘势起飞，有的品牌制造风口帮助他人起飞。传统的家居行业也通过信息互联技术和互联网融合，催生出“互联网+家装”的概念模式。

宜家的场景模式

在目前消费者越来越注重用户体验的当下，最注重场景体验的家居行业最能反映新模式带来的效果。

【案例：宜家家具，“场景带入+宜家会员俱乐部+新媒体营销矩阵”模式打造家庭生活消费的“购物嘉年华”】

宜家这个1943年创立的瑞典家具企业采用“场景带入+宜家会员俱乐部+新媒体营销矩阵”的模式来满足用户体验需求，这就是所谓的线上、线下的融合方式。

宜家的场景带入模式就是将各种家具搭配在一起，形成一种场景化的购物氛围，给消费者营造“身临其境”的感觉。比如，消费者可以随意坐在沙发上，随意躺在床上，儿童产品随意玩等。

宜家还在英国开设“见人就夸”的智能穿衣镜，在俄罗斯推出“Cinema of Love”推广活动等，来增强线下趣味体验。

目前国内的宜家俱乐部会员有900万人，宜家销量的近一半来自这些会员。目录册和会员店是宜家最经典的营销方法。会员店是宜家的店中店，在会员店里，会员可以用低折扣买到非家居类的产品，从而塑造出家庭生活消费的“购物嘉年华”。

科技化手段展示生活方式

借助“互联网+”的力量，企业根据自身不同的品牌定位和受众人群的不同，采用的场景展示策略也各有侧重。如果说宜家崇尚极简，倾向于用虚拟场景来展示空间最大化利用的效果，以此来吸引事业处于起步阶段的年轻人的关注；那么美克美家的定位就是精英人群，其线下的场景体验就是科技化以及偏重整体生活方式的展示。

【案例：美克美家，以科技化手段给用户打造更加卓越的购物体验】

美克美家联合IBM和苹果设计了多款移动APP，主要是通过大数据来发挥终端优势，围绕消费者进行个性化分析和推荐，以科技化手段形成更加卓越的购物体验。

Sales Consult能在现场直接进行产品演示、家居换装以及搭配、下单等。客户只需要输入自己的房型信息，现场就能了解空间设计效果，这种做法减少了消费者在置家过程中所花费的时间，简化了整个购物过程。

美克美家让产品展示不再是凭空想象，品牌设计顾问可以借用终端将3D效果现场展示给客户，通过产品展示，消费者可以了解空间效果，随时随地挑选产品。

针对不同的消费者，美克美家还可以进行个性化推荐。大数据收集并记录了客户所有的行为喜好，后台只需要利用大数据分析匹配，就可以进行个性化推荐。

这种方式，其实质是打通前端数字化和后端集约化的企业运作模式，来实现购物可视化、场景化的极致的所见即所想的购物体验。

第六章
增加客单价

所谓“客单价”，就是一个客人一次花了多少钱，买了多少东西，买得越多、价值越高客单价就越高。品牌商如何更好地提高客单价呢？传统的品牌大多依靠服务员敏锐的观察力和强大的推销话术。但在新营销之下，品牌商要转变“玩法”，利用产品组合设计、连带率、产品频次设计、创造新场景生活方式，用机制设计陪同人员来增加客单价。

四种产品组合设计

为了拼销售额，提升客单价，无论是拆分现有的产品和服务，还是引进外部的产品来搭配，最终都要形成自己的产品矩阵。几种产品同时协调，相互发力，才能实现商业价值的最大化。

最常见的产品矩阵，就是一个店内或者一个品类的产品，必须要同时拥有引流产品、走量产品、利润产品和锚定产品。

引流产品

众所周知，门店类经验要想把消费者吸引进来，首先要做引流，用引流产品来吸引客户进店。实体店选择引流产品有 3 个关键点：

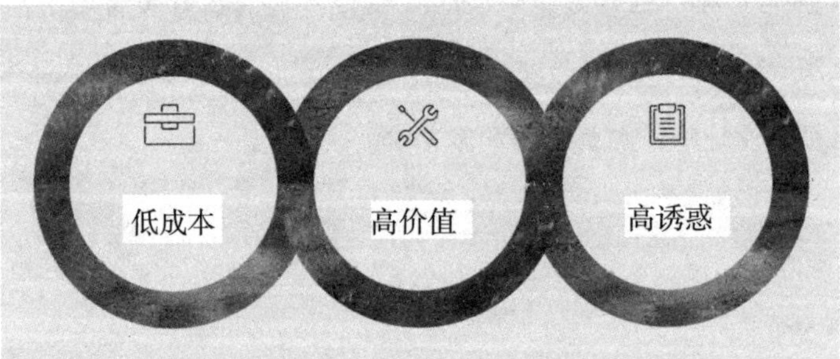

引流产品的3个关键点

1. 低成本

很多人认为，低成本就是便宜，所以我们会看到很多门店选用的引流产品大多是一些价格非常低廉的商品，甚至有一些人拿这些商品来吸引一些爱占便宜的人免费领取。这样的引流，除了倒贴之外，几乎没什么效果。

2. 高价值

真正的引流产品应该是低成本、高价值的产品，那么什么才是高价值？

所谓的高价值，是站在目标客户的角度去选择和思考问题的，客户觉得买得划算、有价值、能帮助他们解决问题，他们就会有购买的欲望。这样的产品才是有价值的引流产品，而不是送一些对目标客户毫无意义的奇怪东西。

3. 高诱惑

引流产品仅仅只是高价值还远远不够，还需要具有诱惑力，诱惑力其实占比相当大。引流产品不是无用产品，也不是不被重视的产品；相反，对引流产品应该加大宣传，只有这样才能让客户知道他购买的引流产品对他来说是物超所值的。换句话讲，就是高价值是站在产品功能的角度而“高”，而高诱惑是站在客户的感知角度而“高”。

【案例：美团店铺，用价廉物美的鸡肉卷带动其他产品的消费】

一般外卖店都会设置几款引流产品来吸引到店的客户下单，这种引流产品一定是让客户觉得划算的商品。如果有客户进店，会被这些引流款所吸引。美团某外卖店中的鸡肉卷就是典型的引流产品。

首先，这款产品的售价保证了销售不至于亏本；其次，鸡肉卷也是很多点外卖的人喜爱的产品；最后，5.9 元的价格，实在是极具诱惑力的。

消费者进店，一般都会点这款产品。可是，美团的起送价格是 20 元，而仅仅只是点一份鸡肉卷显然是不够的。这就要求下单的客户必须继续选择其他商品来凑够外送的条件。

商家把鸡肉卷卖这么便宜的目的并不是指望靠鸡肉卷赚钱，而是希望用鸡肉卷来留住客户，让客户从店里选购其他产品。

走量产品

一个店铺里的走量产品一定是店铺里的主打产品，也是店铺销售额的支柱，或者叫养熟型产品。

营销中需要解决的问题，其实是信任，有了信任，交易就会变得非常容易。一款商品在销售的过程中，因为取得了大多数客户的信任，所以能绑定顾客，长期稳定地带来销量，复购率也很高。

再以外卖店的产品设置来分析一下什么是走量产品。

比如一家很常见的快餐店铺，他家店的特色就是农家小炒肉，这是店铺的招牌。这个产品的价格从来没有打折，同时价格设定也不会很高。这款产品的销量一直很稳定，说明老客户回购率很高。

利润产品

利润产品也叫成交型产品，就是能够为销售带来真正盈利的产品。如果店铺里只有利润产品而没有引流等营销手段的配合，生意只会做得很累。

利润产品一定是市场价不透明，其他竞争者还没有上架或者还不了解的产品，又或者是主自研发的主打产品。利润产品必须具备竞争优势才能产生高利润，同时利润产品也是最新、最时尚的产品，拥有更高回头率，是门店的明星产品。

【案例：华为，设计组合矩阵，成功引流吸引消费者购买】

华为手机产品线的定位大致可以分为三档，M—technology：商务旗舰级系列，如 Mate 10；P—fashion：高端时尚系列，如 P 10；Nova、畅享—affordability：性价比系列，如 Nova 2。

一般人会说，这很简单啊，这就是高中低三个档次。这样说也没错，可是我认为仅仅这样分还是太简单了。

首先，第三梯队的 Nova 和畅享系列，肯定是引流产品，其低价、高质的定位，吸引了基数庞大的普通用户。而处于第一梯队的旗舰手机，却是华为的走量产品；旗舰机硬件指标硬，能很好地树立高端品牌形象，是华为直接和苹果、三星抗衡的产品，也是华为的明星产品。相反，处于第二梯队的 P 系列，才是华为的利润产品。P 系列产品时尚的外观，较高的性能，以及各种新功能软件等，最吸引年轻人购买。

有了引流产品，消费者会进来；有了走量产品，会保证一定的营业额；有了利润产品，可以最大化地保证盈利。可是，仅仅有这几种还不够，因为你的产品矩阵设计还缺乏一个参照物，唯有对比，才能更突出你的产品的优势。这个对比物就叫锚定产品。

锚定产品

锚定产品的最大作用就是价格对比。设置一个和售卖产品可以产生对比的价格，这个设置叫锚点。价格锚点对消费者的作用相当于“幸运数字”，会影响消费者对价格的感知。

对于大部分商品，消费者并不知道其合理的价格，只能根据自己的感知判断价格。当消费者对一件商品的价值感知不明显的时候，就需要商家通过价格参照物让消费者产生具体的感知。

我们日常中常见的价格锚点的案例有很多，比如在老板电器的卖场里，有一款价格很高的产品套装叫“至尊九五系列”，它的售价高达9.8万元。这让很多消费者骄傲，原来最贵的抽油烟机并不是外国人做的，而是我们中国人做的。

可是，花这么多钱去买一套抽油烟机是什么概念呢？近10万元的商品，相当于把一辆小汽车安在厨房里当抽油烟机用。这显然不是一般消费者的理性消费思维，能买得起10万元油烟机的客户是不会自己做饭的。显然，这是一个锚定产品，10万元的价格是对比其他产品来锚定的。

看看LV，LV的新品怎么玩锚定？

全球50个限量版的LV包，会送给英国女王1个，再送给妮可·基德曼1个，剩下的48个拿出来拍卖，拍卖起步价5万欧元。5万欧元的包包摆放在橱窗里，当然不是普通人买得起的，可是它却和旁边的一款包包有80%的相似度，另一款的售价是5000欧。

显然，5万欧的产品就是一个锚定产品，是专门来锚定旁边5000欧的产品的价格的。

又比如大家都熟悉的星巴克里摆放的售价二十多元的依云纯净水。真的有人会在星巴克买纯净水吗？我想肯定很少。用依云纯净水的价格来对比星巴克咖啡，显然觉得咖啡不那么贵了。

在产品组合的矩阵策略里，一般的规则是先去打造尖叫型的“大单品”，即走量产品。大单品有利于整个门店的竞争优势，对消费者具有吸引力，对整个产品供应链的管控都会强化。

单一的产品并不能增加客单价，只有多种产品组合在一起，才能显著增加客单价。大单品一出来，率先撕开市场，产生消费。紧接着，组合产品进去，引流的引流，挣钱的挣钱。如果拓展开，你的产品矩阵设计中还可以包括打击对手的产品、树立行业标杆的产品，还可以有只看不卖的产品。

连带率

在市场销售过程中，产品之间的连带率是一个非常重要的指标。门店的客流量大多是固定的，每天经过的客流量也是相对固定的。如果店内消费的每个消费者都只买一两件物品，营业额必然高不起来。所以，必须要想办法提高连带率。

什么叫连带率

简单地说，销售总额除以销售小票数，得出来的比值就叫作连带率。

连带率越高说明每单的总量越多，同时客单价越高；反之则说明店内的销售水平不够。如果顾客进了门店之后直奔想要的物品，付了钱就走了，这说明你的店铺连带率的销售没做好。

如何做连带率，传统的方法就是改善物品陈列。比如，将热卖品重点陈列，或者是按照产品特点陈列。

【案例：沃尔玛，打破常规，提高产品连带率】

在美国的沃尔玛超市里，啤酒是放在纸尿裤旁边的，这让一般人看不懂。原来，是因为沃尔玛在按照统计商品销售信息时，发现一个奇怪的现象。每到周末，啤酒和纸尿裤的销量都高于平常。

为了找到原因，沃尔玛派出专人调查。通过调查了解到，在美国有孩子的家庭中，太太在周末经常会叮嘱下班的丈夫顺道替孩子买纸尿裤。而买完纸尿裤的丈夫会觉得晚上无趣，于是顺手买回爱喝的啤酒。

于是，沃尔玛的理货员便打破常规，将啤酒和纸尿裤摆在一起，结果纸尿裤和啤酒的销量双双暴涨，为沃尔玛带来大量的销量。沃尔玛的这种做法，就是提高连带率的做法。

类似的案例有很多，比如很多店铺服装店铺售卖的产品都会做适当搭配，比如小黑裙的旁边会配一个小背包，或者配一条丝巾。

顾客购买丝巾时，配一双颜色搭配的鞋，很多时候客户购买一样产品之后，会顺带着把其他几样全都买走。我们常看到的服装店的模特身上从来都没有单一的商品，全都是搭配好的。这样做的目的就是提高连带率。

除了按照产品特点陈列之外，如果是产品色系足够多，也可以按照色系特点陈列，这样可以做到让消费者眼前一亮。

再就是，作为店内的专业导购，必须熟知店内每一种产品的特点，了解顾客的需求和兴趣。要能根据客户的信息判断客户大致会对什么产品感兴趣，并向其推荐可能感兴趣的产品。

只有站在消费者的角度了解他们的内心所想，才能准确地找到让他们满意的产品，从而提高连带率。

什么叫复购率

除了连带率，还有一个指标也是很重要的，它就是复购率。复购率即重复购买率，是指消费者对某一个品牌或者产品和服务重复购买的次数，重复购买率越高，说明消费者对品牌的忠诚度越高，反之则越低。

忠诚度高的用户，当然就是品牌的“粉丝”，粉丝经济效应的价值，大家都是认同的，而提升用户对产品的价值和贡献是运营的核心。

很多品牌都了解回头客带来的利润比新客户多，但是在促进老顾客重复购买方面，并没有做足功课，常常忽略很多细节。很多商家为了吸引消费者首次下单，都是通过让利促销的方式，但是过后发现营业额在促销过后又没有了，于是为了激活用户二次购买，会赠送优惠券或者再一次搞促销活动。

怎么增加复购率

我以为，这种方式的复购率是呈漏斗式下降的，而且利润也不高。那到底应该怎么提升复购率呢？

1. 复购率建立在消费者对品牌的信任之上

随着移动互联网的发展，品牌获取新客户的成本越来越高，所以获取到的流量转化成有效客单量会减少很多，会员转化又会减少很多。如果只是考量单次购买，或者新用户转化都是靠利益驱动得到的，成本会持续上升，效果是持续减弱的。

想让消费者产生持续的购买动力，就必须在产品的使用黏性以及消费者对产品的信任度上下功夫。

2. 提升复购率的方法

（1）内容品质是口碑产生的关键。

任何形式的商品售卖，到了售后环节都是考验内容品质的。在这一点上，从消费者的角度看很简单，你的东西好，消费者下次会继续买；东西不好，消费者不光把这次的东西扔掉，下次也不会来。

有很多品牌为了吸引消费者而推出的产品，往往是一些次品或者尾货商品，这种做法从一开始就是在削弱消费者对品牌的信任度。

要增加复购率，并不一定是在一款产品上做文章，也可以是基于品牌的其他产品。丰富商品的种类是增加复购率的办法，单一品类的售卖是很难做复购率的。

（2）用户体验是根本。

把自家的产品做到极致，再和同行比不落下风，就是最好的用户体验。比如正常的商品检索、详情、购买流程等，每个业务模块都会影响消费体验，只有把每个环节都做好了，才能从根本上保证产品的用户体验。

（3）维护好老客户。

很多产品做到一定程度，都会开始搭建自己的 VIP，常见的比如会员等级、会员活动、积分兑换以及会员成长体系等。给予会员一定的优惠，是对老客户一种比较强的吸引手段，加入 VIP 等于是对消费者做了一个消费绑定，会稳定地增加复购率。

总之，复购率的重要性是不言而喻的，想要提升复购率，产品自身是关键，产品运营是辅助。根本还是要依托产品本身，基于用户体验。深刻理解复购率的价值，使用正确的方法，才能提升产品的复购率。

产品频次设计

世界上最赚钱的产品不是利润最高的产品，而是消费频次最多的产品。同样是1000元的产品，消费频次越快，代表资金周转的越快，带来的利润自然越多；反之，消费频次越低，资金周转越慢，利润积累越慢。

产品频次就是某个产品的消费频次，泛指消费者在某个时间段内购买这个产品的次数。通常来说，快消品的消费频次高，耐销品的消费频次低。

为什么要设计频次

产品根据消费频次不同，可以分为快销品和耐销品，快销品的消费频次高，耐销品的消费频次低。快消品市场竞争大，各品牌是绞尽脑汁在做营销，而营销的目的无非是两个：一是增加客户数量，二是增加消费频次。

在消费群体无法增加的情况下，让消费者形成“成瘾性”消费习惯，就如同获得了一件制胜的武器。

快消化，是从快消品的售卖法则里提炼出来的词汇，快消品的共性是购买周期短、购买过程短。而实际上不只是快消品能高频次地售卖，连耐用品也可以按照快消品的法则售卖。

举个例子，可乐是作为止咳水被发明出来的，但是最终却作为饮料而风靡全世界。如果可乐只是作为止咳水，那么我们一年也喝不了几次，而当可乐作为软饮料时，我们可以天天消费它。

在中国的家电行业，曾经有一个在现在看来是笑话的案例。

某洗衣机品牌，当年打出的广告词是这样的“给妈妈买的洗衣机，用了十年还是好好的”。这句广告词很诚实地体现了产品的经久耐用，然而却忽略了一个问题：十年前设计的产品，十年后是否还流行？

在当前经济快速发展的今天，别说是一款家电，就算是一栋房子的装修，十年之后都显得设计落伍。一款现在生产的产品，你只保证了质量，却没有延续用户需要的功能以及产品体验，注定要被对手所淘汰。

在 2019 年的两会期间，格力的董明珠提出要废除那些高能耗的电器，我认为董明珠的本意不一定是出于节能的考虑，也许是觉得空调类的商品更新换代太慢了，一台空调用了十来年不换，拖慢了整个行业的发展速度。

家电类商品是典型的耐消品，其功能性和耐用性决定了市场容量是缺乏弹性的。传统的思维认为，作为功能性商品，总是要奉行旧的不去新的不来的原则，导致行业竞争永远停留在抢人头的营销手段上。

当抢人头式的营销走到尽头，耐用品的尴尬境地就会进一步加深。所以有人就开始思索，有没有一种可能：让低频变高频，增加客户的复购率，让耐消品变快消品呢？

小米之家的低频变高频

什么是低频变高频？举个例子，58 同城是提供生活信息服务的，不管是求职、租房，你一年用一两次就不错了，这是典型的低频生意。可是，换一种思维，如果把这些低频生意按分类叠加在一起，那么你一年需要用到 58 同城的次数就由低频变成高频了。

【案例：小米之家，新零售的关键打法，低频变高频，实现转换的重要介质】

雷军说过，“小米新零售的关键打法，就是低频变高频在起作用”。小米之家就是实现这种转换的重要介质。

小米的主打产品小米手机，是典型的低频消费产品，大多数人一两年才买一回。而小米之家定位的是快时尚品牌，开店的位置都是在最繁华的地段，那么小米之家能赚钱吗？

在过去的几年，小米投资了不少生态链企业，有充电宝、手环、耳机、平衡车、电饭煲、箱包以及自行车等。在小米之家里，现有的商品有二三十个品类、几百种，如果所有的品类一年买一次，相当于一个消费者每半个月就会进小米之家消费一次。

自从小米快速扩张小米之家之后，很多手机厂商也选择对标小米之家，用快时尚选址的逻辑，甚至就在小米之家的旁边开店。

传统的手机售卖店，顾客进店之后都是闲逛一圈，然后去另外的店对比价格，一天也成交不了几台手机。但是在小米之家，顾客可能是今天购买了一款手机，过几天会买一个手环，下次可能是购买一款蓝牙音响。

这样来看，小米之家把一年来买一次的消费手机的低频消费变成了每半个月来一次的高频消费，把进店没东西可买的低效流量变成了进店总能买几样东西的高效流量。

名创优品的低频变高频

近年有一家LOGO和优衣库撞脸的日式休闲百货品牌“名创优品”很火爆，短短四年时间，就在全球疯狂开店2000家，年销售额超过100亿元人民币。名创优品为什么这么火？

有人说它是零售品“ZARA+优衣库”的混合体，也有人说它是升级版的十元店。我认为这些说法都表象了，就像是说一款产品的成功仅仅是因为价格便宜或者会促销一样。能做到销售一年100亿元的，绝对不会如此简单。

1. 定位分析

名创优品卖的都是生活小商品，产品的目标消费人群就是一二线城市的年轻女性，以女性、快消、小百货为核心定位。

名创优品为什么会选择这个定位？因为生活小百货是一个很独特的品类集合，如果你需要买一把伞、一个口杯或者是一个靠枕，你会去什么地方购买？网购肯定是来不及的，而且运费比本身的价格低不了多少；如果去超市买，好像又不太喜欢，超市的这类产品不够精美，关键是要在超市找来找去，不方便；如果去便利店，一般的便利店跟超市也没什么区别，小便利店还没有这一类产品售卖。

名创优品所做的，就是把这一类长尾小百货聚在一起，让你在下班的路上就能很方便地买到心仪的产品。这种消费行为，就是很随性地在发生。如果你选择的是一个用户规模小、连带率和复购率都不高的生意，注定是要碰天花板的。

2. 价值分析

所谓的价值，就是名创优品到底做了什么与众不同的事。

如果你把名创优品仅仅看作是升级版的十元店，那就大错特错了。和其他的街边小百货相比，名创优品有其突出的特点，即价格低、质量高、产品设计感强、包装精美、上新快、时尚、方便。

首先拿低价和质量来说，国内的街边小百货，有哪一家能做到低价还能守住质量的？名创优品有意强调其日本设计理念，其实明眼人都看得出，其所售卖的商品依旧还是 Made in China, 但是他们的产品设计确实偏日式风格。这是有意包装。

名创优品的店里商品丰富，每周都有新品，这样做无疑是能够增加消费者逛店频率的。可以说店面本身就是产品、商品，就是内容，只有内容足够丰富且不断更新了，消费者才会乐于使用产品，才会复购。

3. 价值链分析

一个零售类的品牌要实现上面的特点，该如何匹配他的供应链、终端把控以及运营呢？

首先，商品既要优质又要低价，唯一的办法就是规模采购，去中间商。实际上我们认为的大多数高质量的日本货和韩国货，其实都是中国制造。很多做国内零售生意的公司信誉差、合作风险高、常常跑路，所以一些质量好的外贸生产厂家不愿意做内销。

名创优品把公司注册在日本，除了能对终端提升品牌形象之外，在供应链上也能捞到好处，可以和优质的供应商达成合作关系，保证商品的质量。

为了适应消费者不断变化的审美需求，名创的设计师会长期关注店面的动态销售数据来设计产品，能不能卖爆是一个重要标准。由于是多店联合经营，这也保证了调货的灵活性，一样产品在一个地区畅销，那么滞销的地区就可以调货过来。

4. 盈利分析

做生意终究还是要赚到钱才行的，名创优品是如何赚钱的呢？

首先是规模经济，名创优品在每个具体的品类都会挑选最可能卖爆的产品，这种产品一定是颜值高、质量好、价格低的，这样销量会很容易上去。开店的数量多了，爆品一旦做出来，销量就很惊人，比如一款眼线笔，名创能卖到10亿支。

做生意要么是低频高价，要么是高频低价。既然名创选择的是低价，那么就必须想办法提高消费者的购买频次，形成很好的复购率。

SKU保持在三千，这么丰富的商品品类保证了消费者到店购买的概率；每周都推出的几个新品，保持高频的更新速度，刺激消费者尝鲜；售卖本身就具有复购性质的商品，比如化妆品以及零食等，让其发挥流量商品的作用。

另外，就是价格需求的弹性问题。对于一个小百货的零售店来说，当价格足够低的时候，消费者会多买一些原本不在消费计划内的商品，增加了店里的连带率。低价高质的产品，给了消费者足够的安全感，释放了消费者的购物欲望，很容易让客户买买买，你以为你占了便宜，其实只不过是为商家提高了客单价而已。

名创优品的启发在于，做好频次设计，无非是选好经验领域，紧跟消费需求，缔造出一条与众不同的价值曲线；在品牌内容上下功夫，一条链牢牢把控，做零售，这些都是明明白白的基本功。

创造新场景生活方式

说到零售门店，除了在女性小百货上成功的名创优品和电子快时尚的小米，也有在其他领域做得有声有色的品牌，比如孩子王。业内有人说，孩子王构建了一种革命性的新零售服务模式，而这种新的模式就是创造一种新的商业场景，引领了未来新零售的生活方式。

【案例：孩子王，“商品＋社交＋服务”一站式满足客户的需求】

孩子王品牌创立于2009年，其模式早已经被业内广为传播，具体表现为大店模式、重度会员、深度服务、Shopping mall的生活场景融入，提供“商品＋社交＋服务”一站式满足。

2018年年底，在南京召开的母婴行业领袖峰会上，徐伟宏披露：整个2018年孩子王的销售额突破100亿元，而其中光是服务收入占比就已经达到毛利润的40%。

就母婴行业以及整个零售业而言，出生率的下降、人口红利的消失，对现有存量市场的深度挖掘是当下所有零售业的突破口。因为消费升级，消费者的预算在任何品类下都不再固定，理论上具有无限挖掘的潜力。

换句话说，过去的零售模式，大家做的就是把顾客的规模做到最大，这叫“流量经济”。这种生意的模型是控制成本、薄利多销。而现在的零售生意是要追求在每一个客户身上挖掘“单客产值”，单客产值越高，获取客户的成本越低，坪效越高。

孩子王的底层逻辑就是“单客经济”，即经营用户，把与用户建立情感联系作为服务目标。利用情感关系、大店场景、优质的内容以及数字化四大要素，做到精准的会员服务，追求在每一个会员身上挖掘最高的产值，做大“单客经济”价值。

所以，从一开始都只做一件事的孩子王，如果能跑通单客经济的生意模式，那意味着孩子王不仅仅只适用与母婴领域，而是整个新零售的开篇。

获客成本“负数”

为了做好重度会员，2018 年孩子王又把会员体系做了升级。在以前的会员体系中，共有八个等级分层，等级越高产值越高，而孩子王的会员人数达到 2400 万人。升级后的会员体系正式推出收费制的付费会员“黑金 Plus”高端会员卡。黑金 Plus 成长卡 199 元 / 年，黑金 Plus 孕享卡 399 元 / 年。

说到“经营用户”，大多数企业的策略无非是四部曲，即拉新、促销、留存、复购。这其中，拉新通常都是放在首要位置来做资源投向的。而徐伟宏说孩子王以前也犯过这样的错误，总是把获取新客户当做营销的第一位来抓。

拉新不如拉熟！一个熟客已经消费了 1000 元，如果还要用老客户产生的利润去补贴给新用户，这样的逻辑根本就解决不了问题。更高的策略应该是经营老客户。这也是孩子王希望跑通“单客经济”模式的原因。

经过七个月的推行，孩子王会员里有 20% 的普通用户直接升级为高等级会员。随后孩子王发现，会员等级越高，以消费金额为维度的产值贡献也越高。

数据进一步证实了“经验老客户”的价值。孩子王付费会员（黑金

plus 会员）产值是普通会员的 6 倍；付费会员平均产值超过 16000 元，订单量是普通会员的 3.9 倍，购物频次是普通会员的 3.5 倍，每个月单客平均收入是普通会员的 2.7 倍。

目前，孩子王的付费会员人数超过 30 万人，徐伟宏希望这个数字在 2019 年年底达到 100 万人。愿意付费的会员越多，意味着黏性高的老客户越多，那么孩子王的“获客”成本就会大幅下降。徐伟宏霸气地表示，他理想中的孩子王的获客成本最好是负数。

如何能让获客成本降低？答案肯定是从老用户中来。只有通过高产值、高黏性的老客户口碑去影响潜在的消费会员，才能降低获客成本。新客在成为会员之前，就已经对孩子王有一定的情感基础，这样就使孩子王的获客成本为负了。

所以，基于经营老客户的策略，孩子王做到了以下两点：

首先，公司内所有的资源类的物品都是工具，包括门店、商品、幼儿顾问、导购等，要拿起所有的工具，为每一个用户提供一个“工程师 + 育儿师”的解决方案。工程师来解决数字化的问题，育儿师来解决情感问题。

其次，始终牢记，通过提供互动、服务等深度内容服务，和消费者建立情感连系，让普通消费者变成忠实会员，真诚让好口碑传递给潜在的用户，进一步影响他们成为孩子王的会员。

由互动产生情感，再由情感产生黏性，由黏性进一步带来高产值的忠实粉丝，最后由这些忠实粉丝的口碑来影响潜在的新客，这就是孩子王的“单客经济”模式。

底层逻辑“服务化”

挖掘单客经济，必须要服务到位，向服务要溢价。服务化是单客经济的基础。为了区别传统模式下的“服务”标准，孩子王提出产品“服务化”升级概念。

徐伟宏认为，太多的服务，包括孩子王以前自己提供的服务，其本质是营销，这种服务都是围绕着资源的分配，或者说是围绕着 KPI 的达成，被包装成了服务而已。

要改变传统的服务观念，“服务化”就必须真正以用户为中心，去解决消费者的问题，而不是解决孩子王的问题。孩子王实现“服务化”有三个准则：

1. 商品服务化

首先，孩子王内部非常关注库存效率，因为孩子王本身走的就是大店模式，规模大；其次，品牌拓展目标大，发展很快，库存压力自然就大。孩子王的办法是，提高服务化水平，提高服务化效率来降低总库存。

门店内有很多不动销、滞销的商品是怎么来的？其实都是同质化带来的。这些商品都是消费者没办法和他们形成互动而留下的。如果商品本身很好，能够解决消费者的问题，但是消费者却不知道，这个时候消费者看着琳琅满目的商品，不知道该购买什么，这个时候服务就有机会。

“你想要的，我都有”这才是门店应该解决的问题。比如日本一个 300 平方米的药妆店，却能让人感觉什么都有，而国内一些门店有很多种类的商品，却让人不想进去。

曾经，孩子王的门店通常被认为是母婴商场，于是孩子王的 G6 代店和 G7 代店进行了大规模的改造。现在，孩子王的门店已经彻底改变了格局，先是全渠道用户中心，再是孕妇服务中心，再里面就是儿童娱乐中心、育儿服务中心。这其实并不是孩子王想要的，这是消费者想要的。这种门店的格局是把门店变成“客户的店”。

本着替消费者解决问题的目的，孩子王组合门店商品，提出了帮助客户解决一千个问题的解决方案。针对不同年龄段的用户提供不同的解决方案，包括匹配虚拟商品。这相当于每个 SKU 都成为一款解决方案里的角色，而且还是通过孩子王的全场景来和客户接触。孩子王会把解决的方案升级成客户场景，用人性化的服务来搭配用户互动 + 场景，把 SKU 组合出一千多个细分化的方案出来，传递给不同的客户。

这样，经过整理，孩子王的商店就成了客户的百宝箱，门店内同质化、周转率低的商品会被全部清走，留下的必定都是客户真正需要的 SKU。

2. 场景服务化

2018 年，孩子王所有的活动都正式升级为“在线报名”活动，而且还设置了最低消费标准的门槛。徐伟宏认为，互动活动是建立客户和孩子王进行关联的基础。有互动，才有关联；没有互动，那只是促销，只有功能，而没有交互。

除了孩子王的线下场景，现场微信群里的场景也让孩子王感到惊喜。利用微信群，孩子王已经覆盖了超过 300 万用户，微信群的社群效应作用非常大。

3. 内容服务化

孩子王主要的服务内容有差异化商品服务、个性化育儿服务、多元化互动社交服务等。

一个育儿顾问能提供的专业服务包括能催乳、做急救。这是因为孩子王在全国共有 150 名专业的儿童医生在全程为客户服务，很多黑金会员的客户已经习惯了孩子不舒服不是去医院，而是@孩子王的医生。这些育儿顾问在客户的心中都是“老师”，是可信赖的人，而不是一个销售员。

孩子王的服务收入之所以能占到毛利的四成，就是因为孩子王做的是深拓“大服务”领域。这个数据，再次证明了“单客经济”的基础就是服务化。

传统的商业模式都是差价分配的模式，供应链从生产商到零售商再到消费者，所有人赚取的就是这中间的差价，如果有100元差价，那就相互博弈，看谁能拿到最多。这就是基于分配模式下的差价分配，最终分配的结果是由资源占比所决定的。

而孩子王是希望在分享的模式下进行价值创造，最重要的是那100元之外，能不能再创造30~50元属于自己。

徐伟宏认为，零售毛利或者说零售差价未来是无限接近于零的。如果仅仅靠差价，零售的未来是不可持续的。在数字化程度越来越普及的时代，生产商和消费者可以形成直接联系，如此就没有了零售商的生存空间。

互联网追求的就是消费对称、去中介化、去中间环节；如果不能做出增值服务，而只是变成一个中间商，那就没有未来。商业模式要能解决底层盈利的问题，未来赚钱的方式就是靠服务产品，而不是靠商品差价。

数字化解决问题

嘉御的卫哲曾经说过“母婴行业是最有可能跑通数字化新零售的行业”。

徐伟宏说，他理解的数字化全渠道和别人理解的不一样，孩子王的全渠道有三个目标：一是和客户建立点对点连接，二是让资源流动起来，三是随时随地地实名服务。

孩子王从最开始起，就是把自己定位成一家经营顾客资产的公司，所以，从一开始就着手建立数字化。服务越垂直，用户群越窄，得到的数据规律越相似、效率就越高。孩子王不断地通过重度会员模式强化数据的积累，把能收集的数据全部收集起来。

为了做到结构数据化、消费行为数据化、人货交互数据化等，所有资料全部可以实现在线管理，孩子王的6000个育儿顾问全程在线。

消费者每次订多少货，定价是不是合理，每周有多少客流量的闲置成本等，数字化之后，这些问题就直观地反映出来了。如果把每个实体都看作是一座又一座的孤岛，店和店之间、人和人之间、商品和人之间、商品和商品之间都无法联系起来。

实现数字化之后，几百家门店的库存就会变成一套库存，上述问题可以在无感的情况下，完成“反向流通”，即使顾客在上海购买的商品，也可以在南京退货。

一个流程是否真的跑通要从正反两方面来看，正向是从购买、支付、到用户到家，反向流程就是从退货、到账都要有数据支持，否则会很麻烦。

孩子王正在用越来越多的智能化手段识别用户，根据客户的需求，在需要的时候将商品交到客户的手上，而不是一个运营推导出的罗列的商品。

随时随地精准地响应客户，也就是所见即所得，以高效的手段解决客户的问题，才能最终满足用户的需求，客户自然也没有离开的理由。

第七章
强化复购率

所谓“复购率”，就是这个客人走了之后，下次还来的可能性有多大，线下称为“回头客”。在传统营销中，品牌商大多采取会员卡、积分卡来提高复购率，这样的方式如今已经不再有效。在新营销模式下，品牌商可以采取做自己的全渠道、构建客户心锚、裂变增长三大方式来强化复购率。

开通自己的全渠道

全渠道是在当前移动互联网的条件下，借助移动互联网搭建的新的商业环境，重构有效的零售模式，进而完成企业的战略、组织和模式的转换。

全渠道就是打通线上和线下，让传统渠道和线上渠道融合，改变企业和消费者的关系，让消费者无论任何时候、在任何地点、用任何方式都能买到自己想要的东西。一个开通自己全渠道的企业，对消费者的购物体验无疑是巨大的。

相比较其他企业，消费者选择有全渠道的企业的概率要大得多。因为渠道的打通，带动客户的复购率也会随之增加。

全渠道模式的市场规模

如果说传统的零售是以消费者到店购买为主的形式，那么未来的全渠道，则是以商品送到消费者家中的零售形式为主。

根据中国连锁协会会长裴亮的分析，在未来，到家零售模式将会占据整个零售企业市场的 20% 以上，但是业内有的人认为这个规模将会达到 40%~50%，我比较赞同后面这个数据。

如果到家的零售市场占比达到 50%，肯定将会颠覆目前的零售模式，完全变成另外一种零售的格局。保守点讲，即使只达到占比的 20%，也会重构新零售的格局。

所以，面对即将发生的行业变革，企业对全渠道必须要有一个全新的认识。全渠道不是一个可以随意应付的话题，也不是随便找几个人就能解决好的问题。全渠道的转换，一定是企业战略性的转换，涉及由当前的零售形式向新零售形式的重大变革。

如何做全渠道

要想做好全渠道，不能依靠简单的思维，认为全渠道仅仅就是线上和线下都开个店这么简单的问题；也不能是传统思维，认为全渠道就是和之前一样，按照老方法经营（图 7–1）。

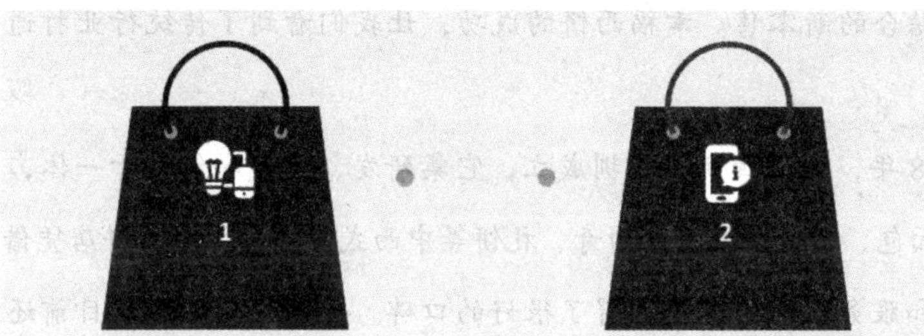

系统的全渠道规划　　　　重构企业的组织体系

图7–1　做好全渠道营销时需要考虑的两个关键点

1. 系统的全渠道规划

首先，是零售方式重构，为迎合新零售的形式，建立依靠移动互联网的渠道网络，来实现零售与顾客的链接。

其次，是企业理念要重构，从过去的你到我店来买的观念，转变为我送到你家卖的新模式。由此可以看出，新的零售模式需要的是重构思维，企业的全渠道转换必须是重构系统规则。

2. 重构企业的组织体系

新零售的变革会让企业的经营管理模式、组织模式做出全面的变革。

让企业的经营体系转变成以链接为主要方式、以经营老顾客为中心、以顾客价值为目标、以货送到家为手段的新零售体系。

相应地，企业的组织模式也需要做出重构，企业不再是以到店为主，重构后的新的企业组织模式变成了以到家为主。

实现全渠道的转换，这是摆在当前零售企业面前的一项迫切的任务。下面以两个案例来分析一下做全渠道的具体办法。

【案例：线上下单品类唯一的“幸福西饼”】

在互联网时代，传统企业要找到新的突破口，就要拥抱互联网，做线上、线下相结合的新零售。幸福西饼的成功，让我们看到了传统行业打通全渠道的可能。

2008 年，幸福西饼在深圳成立，它集研发、生产和销售于一体，主要产品包括面包、西饼、蛋糕、曲奇、礼饼等中西式糕点。幸福西饼店凭借着优质的产品和服务在消费者中赢得了很好的口碑。虽然，它的规模目前还无法和元祖食品、味多美、85 度 C 等烘焙行业巨头相比，但是凭借着创新转型，幸福西饼成了国内知名的 O2O 烘焙品牌，在行业内的竞争力也与日俱增。

2014 年是幸福西饼 O2O 转型的起点，当时的幸福西饼在深圳只有十几家门店，这个门店数量根本无法和其他传统蛋糕店相比。就在幸福西饼面临发展瓶颈的时候，创始人袁火洪做出了一个重大决定，他停掉了幸福西饼的线下订单，转型为电商，只做线上订单，并把所有门店全部改为体验店。袁火洪的这个决定是十分冒险的，因为在当时，线下门店依然是烘焙行业的主要销售渠道。

2016 年，幸福西饼已经覆盖了全国 62 个城市。2017 年，实现 6.5 亿元营业收入，2018 年，幸福西饼布局全国 200 多个城市，同时完成了 4 亿元 B 轮融资。幸福西饼还荣获“2018 年度食品行业最受网民欢迎品牌”的称号。

很多传统行业在转型电商时遭遇了“水土不服”，但是幸福西饼却如此成功，这是为什么呢？想要解读幸福西饼成功背后的秘密，就要先了解幸福西饼是一家什么样的公司。

幸福西饼是一家什么样的公司

1. **一家蛋糕公司**

幸福西饼是一家制作蛋糕的公司，而且拥有工厂化的生产模式，这种生产保证了产品的出品质量，让所有的蛋糕都拥有同样的好口感，这是传统蛋糕店做不到的。

2. **一家电商公司**

幸福西饼除了在网上卖蛋糕，还卖当季的糕点和礼品，幸福西饼的主要用户群体是25~35岁的女性，这批用户的复购率达到了35%。这一用户群体不仅对甜品、水果类的商品感兴趣，对服务也比较看重，所以，幸福西饼未来还会布局本地生活服务领域，预计幸福西饼今后还会销售一些与生活服务相关的商品。

3. **一家物流公司**

幸福西饼建立了自己的独立配送体系，糕点类产品对配送要求比较高，因此幸福西饼建立物流系统也是一种提升质量和服务的手段。未来，新零售行业对物流的要求会越来越高，幸福西饼的预先布局也为今后的发展抢占了先机。

幸福西饼向消费者承诺：“货不对版退款不退货，每迟到1分钟减1元，迟到30分钟免单。”可见，强大的物流也是幸福西饼成功的关键。

4. **一家烘焙行业的大数据公司**

目前，幸福西饼已经拥有了团购网站、幸福西饼App、微信公众号、天猫等多个营销渠道。其中，仅微信公众号的粉丝数量就已经达到了200

多万人。这些用户资源帮助幸福西饼积累了大量有价值的用户数据。未来，幸福西饼可以根据这些在各个流通环节积累的数据，建立烘焙行业的用户画像，并分析用户需求。所以，幸福西饼未来有可能成为一家大数据公司。

了解了幸福西饼是一家什么样的公司，接下来我们要分析一下幸福西饼的商业模式。

幸福西饼的商业模式：O2O+C2M

幸福西饼从纯线下转型为线上、线下相结合，它选择了 O2O（Online to Offline）+ C2M（Customer to Manufactory）的商业模式。

1. O2O 模式

幸福西饼的转型颠覆了传统烘焙行业的商业模式，线下只设体验店，顾客下单、购买只能在线上完成。顾客通过团购网站、幸福西饼 APP 或微信公众号、天猫店等渠道下单后，运营人员会在后台把订单分给当地的各大配送站，再由配送站制作，最后由幸福西饼自建物流的配送人员配送。

2. C2M 模式

传统蛋糕店的模式是“先做再买”，而幸福西饼则是“先卖再做”。幸福西饼根据顾客订单需求制作产品，用需求驱动生产，把 Customer 端与 Maker 端直接连接起来，形成 C2M 模式。

什么是 C2M 模式呢？就是指客户和产品生产之间的无缝连接，C2M 模式有两大优势，一是能满足客户的个性化需求，甚至让客户直接参与产品的生产和设计；二是可以让企业通过大数据能力和柔性生产能力迅速满足客户的需求，高效、低成本地实现产品多样化、个性化。

说到底 C2M 的本质依旧是 O2O，但是它进一步消减了交易的中间环节，让C端直连M端。C2M模式的本质是将信息流、资金流和物流三者合一，打通线上、线下全渠道，进行产品供应链的重构。在这个过程中会衍生出大量的数据和创新，让幸福西饼的发展前景更加广阔。

幸福西饼以O2O＋C2M的商业模式打通了线上、线下全渠道，不仅创造了优秀的业绩，还支撑起了面向全国推广和复制的扩张，多样化的线上互联网渠道、标准化的线下生产模式、完善的配送体系和覆盖全流程的大数据平台，让幸福西饼迅速向全国扩张，目前已经覆盖了200多个城市。

3. 完善的品牌营销策略

幸福西饼的成功还有一个重要因素，那就是完善的品牌营销策略。在烘焙市场，消费者非常看中口碑，因此幸福西饼把品牌营销也列为重中之重。

幸福西饼的品牌营销采取的是外包模式，它借助金蝶云EPR的客户管理系统（CRM），把线上、线下的营销资源和销售渠道进行了整合，并形成了一套全流程解决方案。让各大平台上的粉丝始终保持活跃度。

幸福西饼用线上、线下全渠道模式，将消费场景、消费渠道、消费者和产品连接成了一个完美链条，这个链条让顾客与品牌的黏性增强，可以大大提升顾客的重复购买率。

近年来，餐饮消费逐渐回归理性，消费者开始追求品质和健康的理念，更加注重的是养生以及就餐环境，于是一种新的餐厅——音乐餐厅便出现了。

音乐餐厅是以餐饮＋娱乐为主打的新消费场景，它代表的是一种新的生活方式和态度，逐渐成为市场追逐的翘楚，成为年轻人餐饮消费的新选择。

然而随着一种行业的兴起，跟风山寨的现象必不可免，餐饮行业尤其如此。餐饮本身就是一个极易被模仿和复制的行业，当大量资本进入这个行业的时候，同质化竞争就很激烈，音乐餐厅当然也不例外。

根据数据显示，与音乐有关的餐厅，上海一地就有近2000家，深圳有500家以上，其他大城市也是如此。激烈的竞争导致大量的音乐餐厅倒闭。虽然有一些音乐餐厅也开始尝试跨界运作，但是餐饮作为产业链比较复杂的行业，一条完整的链条里，只要一个环节出了问题，整个结果就会出错。

因此，和大多数跨界餐饮出现的问题一样，很多音乐餐厅存在着菜品、管理、服务以及供应链不完善等问题。

【案例：线下体验，创造小场景的胡桃里】

就在音乐餐厅呈现一派倒闭潮的大势下，胡桃里不仅逆势而上、一路狂奔，还能在用户中拥有很高的口碑，并受到媒体、商场、加盟商等各界的关注。

公开资料显示，胡桃里的核心定位是“酒吧＋餐饮＋咖啡的文艺混血儿”，凭借音乐酒馆的独特品类，成为音乐酒馆品类的开创者。

胡桃里隶属深圳合纵文化有限公司，主要经营酒吧、咖啡馆、餐厅、茶馆等服务。2013年胡桃里在南山华侨城创意园开了第一家店，并在当时成为深圳文化地标之一，被众多媒体及顾客评为文艺青年的必选餐馆。发展至今，胡桃里在全国范围内门店数已经接近200家。

分析其成功的原因，主要是以下几个方面：

1. 以音乐为核心

胡桃里的詹宗德认为，“对于胡桃里来说，最为核心的是音乐。”胡桃里餐厅，餐饮属性只是其浅层含义，而支撑它快速发展的核心却是音乐，将音乐产业进行革新和餐饮结合，从而切中市场的要害。

胡桃里的运营核心在于如何利用传统的就餐环境，来成为音乐产业的线下场景，而不是单纯地吸纳更多人来就餐。餐馆作为解决客户吃饭的重要场景，必然会带来高频次的互动，而如何让音乐内容成为餐饮服务的一部分，就是关键所在。

詹宗德认为，传统的音乐餐厅，顾客吃着饭，旁边有人弹唱一下，或者放一点音乐。其实这种餐饮没有把音乐这个核心带到用餐的场景中来。

胡桃里每个门店拥有 500~600 平方米的超大场地，巨大的空间设计可以满足各种音乐活动的舞台，成为一个可为活动举办的专业场所。胡桃里签约歌手超过 2500 人，其中知名歌手超过 600 名，拥有包括好声音等众多实力唱将。

胡桃里的这一模式根本不担心被后来者模仿，背靠母公司成体系的音乐产业布局，已经形成了竞争壁垒，就算有后来者，也只能模仿其外形而非音乐内容。

胡桃里发展迅速，已经从最早的音乐同道人聚集地，发展到吸引自带音乐属性的客人，消费者因气质吻合而相互喜欢、相互激发，转而又影响更多的同类人，如同病毒一样扩散。

现在的胡桃里，主力人群已经从音乐同道转向大众市场，吸引了不少追求生活品质的白领以及中产人群。

2. 全时段运营

融合了酒吧、餐厅、咖啡厅等多种混血基因的胡桃里，将美食、美酒、音乐以及艺术自然而然地结合在一起。超 15 小时的营业时间，打造的是一站式的夜生活娱乐新模式，把原本有限的时段性消费，改成了全时段运用的时尚前沿地。

在胡桃里，你可以感受轻松惬意的下午茶、浓醇的咖啡、美味的正餐，也可以期待午夜的酒吧时光。

在 15 个小时的营业时段里，酒吧时段是胡桃里的精髓所在，在这一时段，除了优秀歌手的音乐演唱表演，更有国际艺术大咖登台。来自全世界的各类艺术家在这里演出，高超的艺术造诣让人惊叹，加上高品质的酒水更让夜生活充满魅力。

胡桃里的优势是很明显的，如此长的经营时间是别的餐厅不敢尝试的；同时，如此长的营业时间，也可以满足不同时段的人群的消费需求。

3. 自然原生态理念凸显

“让一切可见自然”是胡桃里的整体设计理念，这不仅体现在店面装修上，在菜品上也是无不凸显出原生态的理念。

在胡桃里，你所能看到的所有空间都是满满的文艺风。餐厅的所有布置都围绕着自然的设计理念：胡桃色的原木桌椅、绿植装扮成“绿野仙踪”的空间、泛黄的旧乐谱缝制的灯罩、雨靴变的花盆、充满回忆的黑白电视机和收音机……

这一切都充满了文艺的气息，给人非常舒服的感觉，让人一进到店里就会忍不住开始自拍。

此外，美食与美酒更是胡桃里的“灵魂”所在。既然本质是餐厅，自然少不了美味佳肴。

胡桃里的菜品均以原生态食材为材料，并因融合中国甚至世界烹饪手法而被称道。厨房运营者在世界各地采集各类绿色食材，并将西式特色菜肴、中国经典菜系甚至当地的地道菜谱融于菜品范畴，层次非常丰富。

构建客户心锚

通常，我们都希望产品能带给用户轻松愉悦的感觉，如果一个产品总能够带给用户良好的心情，品牌自然就和用户的关系更为融洽和紧密。在用户心情好的时候，会更乐意接受、使用该产品，在交易时，客户也不会过于挑剔，很容易达成交易。

想要让用户在使用产品时处于良好的情绪状态中，就必须与用户的情绪进行沟通，心锚就是这种沟通工具。如果心锚运用得当，就可以很好地将用户的情绪和产品绑定，对维护用户关系、促成消费、增加用户黏度和复购率有显著作用。

什么是心锚

之前我们谈到过价格锚点，通过高标价给客户心中设置一个较高的价位，从而对其他产品的价值产生一个偏高的判断。心锚与之相似，在用户多样的情绪状态中，将产品标记在用户积极、正面的情绪位置上，让用户在使用产品时，更容易保持良好的情绪状态。

心锚的本质是一种条件反射。如果说经典的条件反射是在刺激与行为之间产生联系，那么心锚就是在刺激和情绪之间产生联系。当人的某一种心情或情绪与外界的某种诱因产生较为稳定的联系时，就可以说是建立了一个心锚（图 7–2）。

一旦我们将用户的正面情绪和产品或者产品的某部分锚定，使用户在看到产品的时候产生愉悦的感觉，我们就可以更好地维系用户关系，促进用户消费、使用和留存。

心锚的建立和使用并不难，现实生活中，很多人会不经意地利用心锚来调动自己或别人的情绪状态。

比如，有人会将自己亲人的照片设为诱因，每当自己遇到困难或者觉得恐惧时就会看一下照片，将自己的情绪调整到和亲人在一起时的无所畏惧状态，从而自信地面对困难和挑战。

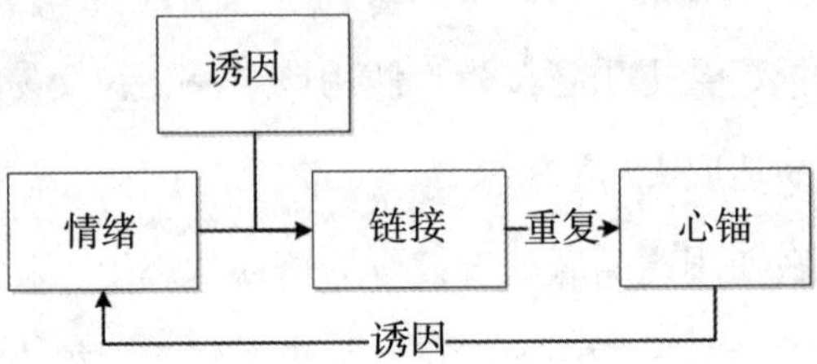

图7-2　建立心锚的过程

心锚的创意与替代

构建客户心锚，就是要让产品或服务的形象出现在客户的场景里，或者在客户的场景里高频地出现。

通俗点讲，就是让客户经常想到你，或者在使用产品的时候能想到这个产品的好。

【案例：某美甲店，小举动大引流，暖手宝暖人更暖心】

我们都知道，很多女人在冬天都怕冷，经常会套一个护手的套筒。可是女人又特别爱美，哪怕天气再冷，该做美甲的时候，依然还是要出去做美甲。

2018 年冬天，我有一次逛街，看到这样一个美甲店，从外面看进去，七八个椅子上坐满了顾客，这家店明显要比旁边的美甲店生意好很多。难道是因为这家店的美甲师手艺特别好的原因吗？

我看了一下周围几家店的价格以及服务，感觉它们之间并没有太大的区别，可是女孩子们宁愿坐在这家店里等，也不去隔壁。店里的女孩子们并没有和美甲师有过多的交流，相反很多人都埋头玩着游戏，这是现在最常见的消费场景了。

原来，这家美甲店为了留住顾客，特意准备了一批有暖手功能的充电宝。这种充电宝可以一边为客户的手机充电，一边温暖客户的手。

正是这一个小小的举动，让女孩子们都愿意在这家店内消费。当我以为这些暖手充电宝只是店家的一项服务时，看到有一位女孩做好了美甲正准备离开，这个时候，美甲师主动奉上了女孩手中的暖手充电宝，作为礼物送给了对方。

如此温馨的举动，足以让女孩手中的温暖一路送她到家。

这是一个很有创意的心锚使用案例，美甲店用一个小小的暖手宝充电器，在客户心理植入了一个锚点。美甲本身就是一件让人心情愉悦的事情，在女孩子们情绪愉悦的时候，用温暖的方式加强正面情绪，让客户加深对这家店的记忆。

使用心锚，是商家经营客户的思维方式，要流于自然、由心而发，并不是为了使用心锚故意去做这件事。

另外，在使用心锚的时候，一定要注意一件事，你的创意是不是唯一的、不可替代的。如果不是，这个创意的功效就会大打折扣。比如上面的案例，美甲店送暖手宝充电器的方法，一定会很快被旁边的店学去，这个案例的时效性是有限的。

那么有没有一种办法是唯一的、别人学不会的呢？

有连接的营销成本

我认为大多数方法都具有时效性，真正唯一的办法不是通用的办法。而要想长期在客户心中留下印象，只能是频繁地给客户使用心锚，比如定期给客户赠送物品，只有高频出现，才能巩固品牌在客户心中的印象。

所以，心锚实际上是一种连接产品和消费者关系的、有成本的营销。你的创意为了不让其他竞争对手代替，创新的手段必须不断更迭。

【案例：肯德基，赠送公仔，既吸引孩子更加深印象】

不知道你有没有想过，为什么肯德基和麦当劳能那么吸引小孩的关注，这一切仅仅是靠符合孩子口味的食物吗？当然不是。

就拿经常随儿童套餐一起赠送的公仔来讲，这就是肯德基定期给孩子使用的一种心锚。孩子进入肯德基，当然是因为处处透着童趣的环境，以及诱人的味道。

然而这些还不够，肯德基还在孩子吃得最开心的时候为孩子送上一个可爱的公仔，这等于是在孩子最愉悦的情绪中制造了一个加深印象的场景。这个场景是愉悦的、快乐的。

当孩子每一次到肯德基消费的时候，必定会加深这样的印象。这种定期的、高频的心锚使用，虽然增加了一些成本，但是却让孩子彻底地喜欢上了肯德基。可以想象，当孩子每一次经过肯德基门口的时候，都会不自觉地想起那里有好玩的、新的公仔，好吃的美食，等等场景，这才是肯德基吸引孩子的法宝。

心锚是一种永久性的体验，当你建立心锚之后，那么在任何时候你都可以看得见它的力量。在营销过程中，心锚的使用要随感而发，不应该处心积虑，当你构建的心锚达到一定数量的时候，客户的反馈必然显现。尤其是对老客户的经营，会不断增强老客户的复购率。

裂变增长

增长，就是裂变！

而裂变增长其实就是强化复购率的方式之一。

裂变增长放在营销界，也可以叫作裂变营销。

这里有专门的解释，所谓裂变营销，就是指一种自传播，就像《道德经》里面所讲的“道生一,一生二,二生三,三生万物”。简单来说，它就是拉新运营，主要是为了实现以最低的成本最大限度地获得客户增长的目的。

既然已经知晓裂变营销的概念了，那接下来，我们有必要知道如何将裂变营销进行“落地实践”。现在，让我们先来看下面瑞幸咖啡的案例。

【案例：瑞幸咖啡，采用裂变营销实现用户数裂变增长】

2018 年上半年，有一家蔚蓝色调的咖啡新星以迅雷不及掩耳之势迅速进入一二线城市白领群体的视野。

不管是在写字楼的电梯广告上，还是在微信朋友圈里，我们都能看见它的代言人——文艺女神汤唯 + 国民男神张震，笑容可掬地向我们传达出这家新零售咖啡的别样韵味。

作为一家刚刚创立不久的公司，瑞幸咖啡（luckin coffee）目前已经在中国的 13 个城市“落地生根”，开了超过 300 家的咖啡店，可谓“遍地开花”。

其门店数量跟2006年入驻中国、地位仅次于星巴克的咖世家（Costa）的门店数量旗鼓相当。而瑞幸咖啡2019年5月的开店计划更是定位为全国500家……

瑞幸咖啡的这种激进发展，背后到底蕴藏着什么样的营销方式呢？谁又能揭示无人不爱的“小蓝杯”——瑞幸咖啡幕后的营销方法呢？

其实“小蓝杯”的幕后营销方法都是围绕“IF的裂变三大法则”和“AARRR模式”进行的，只要我们读懂这两大内容，就自然清楚“小蓝杯”取得成功的关键所在了。

我们来学习IF的裂变三大法则（图7–3）。

IF的裂变三大法则

1. 用裂变玩法

所谓用裂变玩法，就是借助当下最能聚集流量的平台，比如微信、抖音、快手等短视频APP进行病毒式传播，不过其传播方式很讲究分享价值性，比如线上经常以分享红包、团购及拉新福利等方式进行传播，而线下则通过O2O现金红包或积分等方式进行传播，以实现社交传播的目标。

2. 挖裂变源

众所周知，我们想要产品实现裂变，首先应该获取一批种子用户，其次是要具备社交分享功能，借助这一批种子用户在这些社交平台上的分享，做到广而告之，从而促使用户数量达到爆发式增长。就像瑞幸咖啡就是通过微信朋友圈以及APP买二送一等体验式方式实现刺激裂变的目标的。

3. 造裂变闭环

当获取一定流量后，为了不让这些流量流失，这时我们就要沉淀用户，制造闭环工程。就像瑞幸咖啡在获得初期流量后，就再通过引导用户下载 APP 等手段来进一步沉淀用户数据，并且持续推出很多社交玩法以维持用户活跃度。

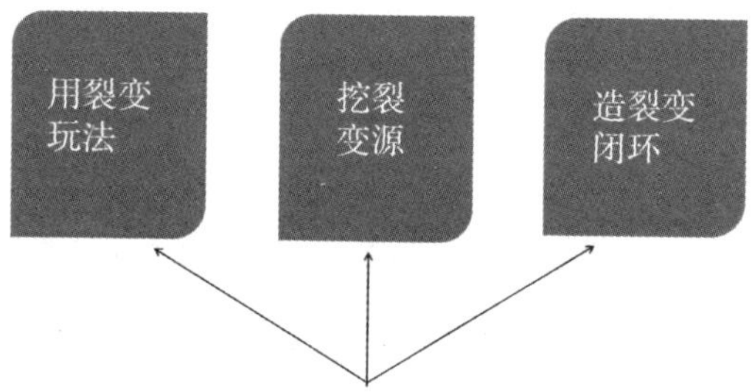

图7–3　IF的裂变三大法则

裂变营销的AARRR模式

介绍了 IF 的裂变三大法则后，我们再来了解 AARRR 模式。AARRR 模式是裂变营销的一种方式，也被称为 APP 运营增长模型，它有以下 5 个要点（图 7–4）：

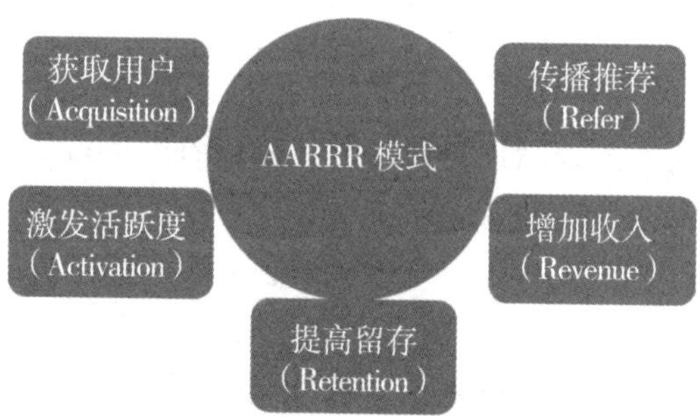

图7–4　AARRR模式

1. 获取用户

获取用户是运营的第一步，相当于目标。我们所做的所有营销运营的最终目的都是为了获客拉新。

2. 激发活跃度

几乎绝大多数用户第一次接触我们的产品都是被动的，这时我们该怎么去激发用户再次购买产品的意愿呢？最好的做法就是通过一些有趣的营销手段或工具，比如简化 APP 的使用流程、宣传有趣的内容、弱化广告意图等，来进一步吸引用户，获取用户的认可，最终使用户变成产品的诚实粉丝。

3. 提高留存

做产品，难点在于来得快，去得也快。要剔除这个难点，我们就要从产品体验上入手。就像瑞幸咖啡就是通过购券和快速的外送体验来解决这个难点。

4. 增加收入

开公司都是为了盈利的，几乎没有人开公司只是单纯出于兴趣。因为要养活团队，所以绝大多数老板最关心的就是创收这一块。

比如前段时间很火的共享单车，它初期就是采用补贴营销策略，通过获得极少收入甚至是无收入的手段来达到营销效果。但长此以往，存活率必然微乎其微，因此，后期需要探索可以盈利的模式。所以在完成以上三个阶段后，它就需要逐渐增加付费用户，降低补贴额度，以便达成盈利的初衷。

5. 传播推荐

社交网络的爆红给企业带来了一种低成本推广产品的全新方式。由于社交平台容易聚集用户，使得企业可以通过好玩、有趣及有利益的驱动来实现社交传播的扩散目的。不管在社交平台上推广什么产品，都很容易传播出去，这就是传播推荐。

通过学习上面裂变三大法则和 AARRR 模式，我们终于知道瑞幸咖啡成功的原因。

可见，对于强化复购率来说，裂变营销确实是一个既强大又有效的营销方式。

转介绍

在这里，我们除了要弄清强化复购率的营销方式——裂变营销，还需要掌握强化复购率的另一个方法——转介绍。

所谓转介绍，说白了，就是客户转介绍，它还可以被称作“连锁介绍法”“黄金客户开发法”及“客户引荐法”。其中，介绍内容一般为提供名单和简要情况或者引见，介绍方法则是有口头介绍、名片介绍以及电话介绍等。

多数营销人员仅仅只用这个方法就可以获得庞大的客户群，每个客户转介绍两个，两个转介绍变成四个……以此类推，当重复到 12 次后，营销人员就获得了 8400 个客户。

事实上，转介绍是一种很有效的方法，而且开发成本很低，效率又高，还可以很快就建立信任关系。不过它也存在两个关键点：一是客户愿意给我们转介绍，二是转介绍怎么做更有效。如果没有客户愿意给我们转介绍做铺垫，也就不会有后面所谓的好方法了。

因此，为了让客户愿意给我们转介绍，我们首先就要做好以下三点：

第一，我们所提供的服务或销售的产品要优质，毕竟“以质为本”是当今营销的主要砝码。第二，要让客户感受到我们的真诚，并且信任我们的人品。第三，能够长久地跟客户维持良好的关系，持续不断地服务好客户。

具备这三个前提条件之后，我们才能有机会找出关于转介绍的好方法，一般有下面这 3 点（图 7–5）：

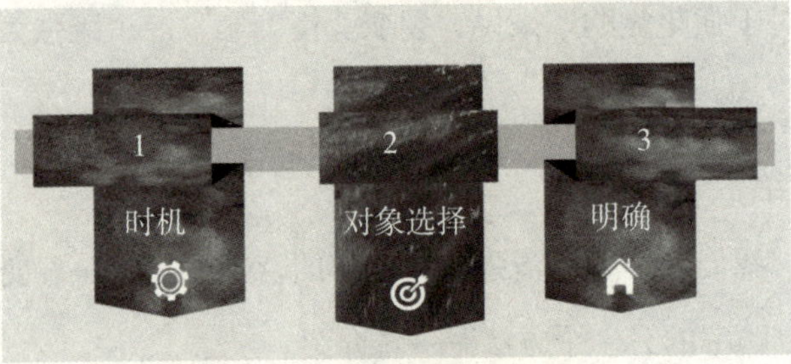

图7–5　转介绍的3种方法

1. 时机

如果客户在成交后，觉得很满意，我们就适时请求客户转介绍。不然，就等到跟客户建立信任关系后，再找个好时机请求客户转介绍。

2. 对象选择

我们在进行推销的过程中，要充分调查、分析以及识别一些问题，比如什么样的客户会做转介绍？他 / 她会转介绍什么样的客户？等等，做到适时请求客户转介绍。

3. 明确

我们提前告诉客户适合转介绍什么样的客户，如果可能的话，最好是当场请求客户列出合适的名单或者我们给出一个范围让客户选择，要是还不行，就让客户推荐。

其实，只要做好转介绍，我们就可以黏着更多的客户。

简而言之，不管是裂变营销还是转介绍，它们都是强化复购率的重要组成部分。是实现强化复购率目标的有效方式。

Part3

科技赋能：大数据助力于品牌商的新营销

品牌商只有打造自己的新营销闭环，才能走出新零售时代的一条新营销之路，成功赢得市场话语权。但营销闭环并不是一劳永逸的，品牌商除了持续关注客户需求，借助大数据平台的力量形成螺旋上升的营销闭环已经变得尤为重要。

第八章 用数据提升零售运营效率

传统的品牌商最大的痛点是不能有效收集、监控消费者的行为，无法精细化运营。而在新营销环境之下，通过大数据的收集分析，对消费者进行精准的商品推送、关联，通过大数据监测用户的购买行为，优化营销方案，为用户提升消费舒适度。其中带来的最大变化是提升用户体验、改变用户的消费场景及品牌商的零售运营效率。

数据赋能客户进行需求洞察

对于新零售的关注核心——消费者，我们需要找到一种成熟的分析方法，最佳的办法就是数据赋能，这是一个能够洞察消费者行为的工具。

大数据整合分析

其实，我们所说的大数据并不一定就是数据量庞大，关键在于从数据分析出价值并展示出来，帮助我们更好地整合整个行业的数据，评价品牌的数据，研究竞争对手、同业的商家以及用户的数据。这也是大数据整合分析的价值所在。

大数据整合分析的 5 大价值如图 8-1 所示。

价格

产品

营销

渠道

品牌

图 8-1　大数据整合分析的5大价值

1. 产品

大数据可以帮助我们修正一个店铺产品的品质。

2. 渠道

商家在设计自己的渠道时，可以整合线上、线下的全渠道，通过大数据分析选择最合适的营销渠道。

3. 价格

价格不是单纯的成本收益比较，性价比是营销希望得到的结果，定价方案才更加重要。

4. 营销

数据分析能够告诉我们应该选择什么样的广告投放渠道？效果如何？

5. 品牌

消费者选择品牌的偏好、消费者对品牌的形象理解是怎样的、消费者对品牌内涵的理解，这些大数据都可以做到。

下面，我们来举例说明大数据赋能消费者需求分析。

【案例：大数据助力分析美妆面膜消费偏好】

美妆行业中的面膜是时下女性消费群体非常流行的护肤品，市场上一时间也涌现了很多面膜新概念。营销团队利用整个面膜市场消费偏好的大数据，预测面膜销售趋势。

所有面膜品类概念在市场上出现两种可能，第一种可能是高回报概念，面膜单品销售量增长迅速，未来趋势也非常好，比如氨基酸类、蜂蜜类、玻尿酸类。第二种可能是无效概念，比如活性炭、蜗牛品类的面膜呈下降趋势，消费量也在下降。

当我们用大数据分析市场趋势可以看到，玻尿酸、蜂蜜、氨基酸类面膜正好反映出快速增长趋势，活性炭、蜗牛品类的面膜反映出逐渐下行的趋势。整体市场预测的准确率达到了 80%。

在一个行业中做营销产品评估时，面对消费人群的不确定性，预测准确率能达到一个什么程度，大数据是经过市场检验的一个相对真实稳定的预测工具。

大数据可以帮助我们全面了解面膜概念的品类分布，指定品牌的销售量分布，品牌的品类分布，同时对消费者的偏好进行全方位画像。因此，营销团队可以迅速调整市场切入点，对消费者偏好也有了预判。

大数据为消费者画像

每一个商家运营自己商品的时候，真正的关注核心应该是顾客，即使这个顾客从来没有光临过你的店铺，或者这个顾客从来没有选择你所在的行业消费，但这些顾客偏好被提前洞察到，这对于整个评估顾客体系是非常有用的信息。

每一个品牌的营销方式都是不同的，需要从整个用户群的购买行为，分析不同的关联所在。每一个消费者画像是差异化且生动的，传统的对于消费者的价格敏感度、群体形象、区域评估等方面的评价方式已经逐渐失效，现在洞察消费者最有效的方式就是运用大数据平台。

用大数据去看待今天的消费者行为。关注消费者，近距离地了解，更有效地观察。过去一个消费者到商家购物时，我们的感官信息是相对不准确的，因为消费者具有个性差异，是需要深入分析的。下面就大数据为消费者画像的具体表现进行说明（图 8-2）。

图 8-2　消费者画像的5大具体表现

1. 价格假设有效性

比如，我们针对汽车儿童安全座椅的分析。对于儿童安全座椅细分品类的销售价格，我们一般来说倾向于判断消费者会选择价格低廉的商品，然后再逐级提升，而大数据分析的结果可能会让我们更清楚消费者在这一单品上的消费偏好，其实与我们之前对于消费者心理需求的预判截然不同。

2. 群体认知可靠性

比如女性消费者群体的购买行为变化趋势，通过大数据整合多渠道记录，可以看出一个细节，女性消费群体在某个消费品类的购买力还在上升，说明消费的绝对人数还在增长，但是很多分析指标已经告诉我们市场已经到一个临界状态，渠道覆盖饱和，大数据让我们对市场有一个更全面的认识。

3. 区域判断准确性

我们从一组跨境消费数据分析报告得出结论：对于保健品消费和母婴品消费，呈现了非常明显的区域偏好。北方人更看重养生，更关注自己这一代人的健康问题，更多的消费重点在保健品类；而南方人群更关注下一代的成长，更多的消费重点在母婴品消费。

4. 用户身份差异性

一个超级 IP 网红剧使用广告植入带动销量，必须研究消费者或者粉丝的身份转换，而这些必须依靠大数据来精细化运营。在 IP 剧播出之前，就要开始在社交媒体上预热炒作，先期植入品牌进行眼球刺激；随着 IP 剧集的推广，联合社交媒体、视频平台规模化互动，植入品牌快速获得人气话题流量；IP 周边的讨论，让社交平台和视频平台持续火爆。

5. 构建闭环关键性

顾客需求洞察是实现以“顾客”为构建营销闭环起点的根本。

顾客需求洞察不能只以财务数据作为唯一依据，顾客在营销场景中的行为数据、与产品之间的互动过程数据以及左右顾客最终购买的特征数据都是洞察顾客需求的重要依据，也是针对营销成本投入的可监控、可调节的重要手段。

正是有了大数据的赋能，我们才能准确做出基于顾客需求洞察的数字化“假设和验证”，才能真正做好消费品类的管理，形成营销闭环。

随着科技的进步，数字化信息系统不断升级，云计算的出现，使得线下场景的传统数字化信息收集与应用和线上场景丰富的数字化信息收集与应用融为一体，打造全渠道数据闭环。

互联网技术、AI（人工智能）技术的成熟和普及，有条件构建起“类线上”的更丰富多样并精准的线下数字化信息收集与应用，让我们对消费者画像更加精准清晰，对消费者心理需求的洞察更加数字化。

运营效率

我国经济的发展已由快速增长向高品质增长转型，从数量规模扩张向产业结构优化转变。时至今日，上帝关上一扇门的同时，也为我们打开了新的一扇窗。消费流量红利的时代已经过去，新零售时代又将创造更多的消费市场。

新零售就是代表着消费的升级，回归用户心理，洞察和满足消费者的真正需求。同时实现由量变到质变的迭代，提高运营效率。

下面我们就拿良品铺子的例子来解释大数据对提升运营效率的重

要性。

【案例：良品铺子的成功转型升级】

2012年，良品铺子的线下布局已经很成熟，开始将目光投入到线上，当年营业收入只有1200万元。那时电商平台还处在流量红利期，只要控制好流量的来源入口，销售增长速度就非常快。良品铺子到2017年已实现5年近300倍的高速增长，接近于良品铺子线下门店花了10年才实现的年销售规模，这是传统零售方式不可能达到的增速。

良品铺子倾尽全力准备线上、线下同步驱动发展时，许多行业内的零售企业还在观望或讨论电商业务转型变革的可行性。良品铺子与同类型企业的差距已经非常明显，就算现在再投入高额成本，也无法创造良品铺子的成功。

新一代的消费者是一个全新概念的社群，他们身上有着不同的个性，有很强的互动欲望与参与意愿。良品铺子坚持自建全渠道终端和供应链体系，有机整合供给和消费，提高了顾客场景体验满意度和忠诚度。

从传统商铺开始，转型电商、渗透社交平台、布局O2O……良品铺子稳步搭建了零食行业最高效的全渠道系统，为新零售配置了丰富的体验场景。高效的物流和客服体系，不断优化消费者的购物体验。

早在2008年，良品铺子就开始了数字化、信息化的战略考虑，当年就上线了门店信息化管理系统。有了有力的数据支持，才能高效地管理库存规模、规划智能物流、整合会员体系，赢得良品铺子几何级数式的增长。

大数据提升运营效率

利用大数据来提升运营效率，我们可以从全渠道整合、数字化经营、再造供应链、大数据运营这4个要点来实施，事半功倍（图8-3）。

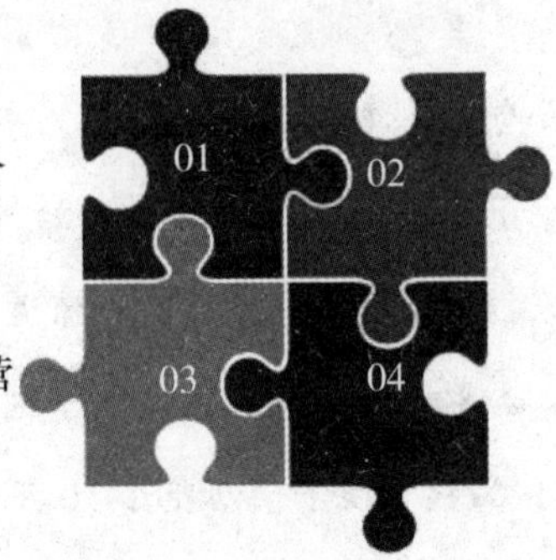

图 8-3　提升运营效率的4个要点

全渠道整合

良品铺子的销售渠道多元化，既有平台电商、社交电商还有线下门店等，多渠道的数据整合是一个艰难的工作。与阿里巴巴进行战略合作，将会员信息融合处理，这样就可以从消费者的购买记录中分析更有用的数据，来为顾客群体的偏好和习惯画像。

我们大多数人会觉得自己对消费者的偏好有深入的认知，其实差异很大。我们得到的数据仅仅是建立在门店、电商平台等渠道的产品数据，以此判断消费者的偏好。可是消费者的购买行为远不止如此，会发生在我们想象不到的更大领域，单纯依靠自有数据得到的结论并不是精准的。于是，大数据平台的融入与对接能够发现很多意想不到的结果。

再造供应链

新零售的丰富体验场景搭建，需要通过再造商品供应链来完成。再造的中心思想，就是在顾客的需求基础上设计场景，再分析需求、研发产品、整合供应链，最终与顾客达成交付和分享。

良品铺子整合了 10 多个供应系统、30 多个全渠道平台的交易信息和顾客数据，利用这些智囊团帮助良品铺子再造供应链各环节和渠道，融合成了数据共享的有机体系。

同时，良品铺子还进行了自动化供应和智能系统方面的配置。这是数据与智能设备的有机结合。线下门店的营销方式相对比较稳定，所以销售评估的准确率较高，而线上电商则有所不同，销售数据的不稳定性较强。正是因为线上出现的这种不稳定性，不断推动良品铺子再造供应链，提升运营效率。

数字化经营

全渠道整合的同时，单店的数字化运营仍有很大的扩展空间。比如将银行的数据信息导入商家的门店会员管理系统，以门店为中心，迅速获取门店周围区域内的有效用户信息，形成门店的用户导航图。

基于此可以带来很多改变，比如评估开店可行性，降低运营成本。以前开店选址大部分依靠人工评估，凭经验主观判断的成分居多。有了用户导航图，开店选址的问题就变得很轻松。

我们还可以根据用户导航图来分析消费者的行为习惯。比如一家门店管理的会员有 5000 人，运用银行数据系统支持，就能定位这 5000 名会员具体的位置，能够弄清楚会员的行为习惯路线图，描绘出会员日常生活中哪些时间段会路过门店，依据这些就能设计门店促销的方案，有效锁定会员消费。

大数据运营

新零售时代，运营中的每一个环节都可以放入大数据平台。目前良品铺子的数据服务器每月新增数据信息容量就达到几个 TB，这其中包括用户评价数据、商品反馈数据、社交媒体平台数据、位置定位数据、移动 APP 数据、会员注册数据、门店实时交易信息等，形成了良品铺子强大的数据库。

良品铺子不仅利用大数据平台信息做营销，同时运营大数据提升运营效率。不断设计建立在数据库基础上的应用，研究新的场景应用程序。提高每一个环节的数据可视化程度，让每个环节主动参与管理，自动反馈控制，降低人为错误的概率，减少管理人员耗费在纠偏上的时间，将更多的时间和注意力放在洞察和分析应用环节。

通过大数据平台的处理和应用，整个管理系统能更大程度发挥作用，实现自动化反馈机制，并提升管理修正效率。

新零售应用场景的迭代升级离不开智能化创新和服务。人工智能的加入可以降低新零售应用场景的出错概率和人力成本。比如定制无人零食货柜，通过免费试用来测试写字楼区域的零食消费需求数据。同时，大数据分析还可以帮助我们设计体验场景优化。比如智能客服系统运用，未来将真正实现无人化界面，提高场景效率。

新零售时代，很多品牌商已经认识到整合线上、线下数据，打通全渠道的重要性，通过运营大数据来精准定位消费者，再造供应链，提升运营效率。

经营客户

品牌越来越多，消费者的人群结构和方式也发生了改变。传统的门面经营还没有太理想的信息化水平，在支付的过程中，会根据用户属性贴上多个标签，然后通过传统零售的方式记录整个消费状况。

随着互联网的迅猛发展，人们开始提倡并重视“互联网 +”的思想，传统门面行业正在向“互联网 +”、大数据、新媒体相结合的新型综合产业转型，通过新媒体广告渠道为零售门店带来更多的流量和资源。新零售的代表“阿里巴巴”和“京东”，在这方面就做得顺风顺水。

我们一直提倡大数据的概念，也进行了大量的数据积累，但在真正运用的过程中效果并不理想，为什么呢？因为我们还没有回归消费者心理，关注我们的核心——客户。只有关注客户，经营好我们的客户，才能让品牌商走出新营销之路。

下面，我们先来看一个新零售奇迹“孩子王”经营客户关系的故事。

【案例一：孩子王的超级用户思维】

孩子王的零售业成绩竟然超过盒马鲜生、网易严选、拼多多、韩都衣舍等“网红”，从众多新零售商中脱颖而出。孩子王主营母婴童商品零售与增值服务，为准妈妈及 0~14 岁儿童提供衣、食、住、行、玩、教、学等购物及成长服务。拥有线下门店、线上购物商城、移动 APP 等全渠道购物体验。

孩子王的社区服务，不仅能购买商品，还能通过社区给新家庭提供一个精神消费的空间，通过移动社区、微信咨询、会员动态，以文字、图片、视频等多种形式，把育儿、生活经验、情感交流、互动分享给用户。

孩子王首创了“妈妈后援团”，团员们全是25~45岁的妈妈，育儿经验丰富，她们负责配送商品，解决了陌生男性上门送货的种种不便。

在会员管理上，孩子王是典型的“超级用户思维”，在企业和客户之间，建立一种可持续、可信任的“关系”。孩子王很重视客户经营，通过线上内容设计和线下活动促销来深度维护用户关系，从门店95%的流量来自会员就可见一斑。

孩子王的核心思维就是经营好客户关系，其中包含人和商品的关系、顾客和顾客之间的关系、顾客和员工之间的关系。通过搭建以客户关怀服务为核心的社区营销模式，借助数据赋能和消费场景覆盖，深入经营用户关系，精准化用户体验，最大化提升会员消费的价值，并反馈作用于供应链，为每一位会员提供定制化育儿解决方案。

接下来，我们再看一个茑屋书店和星巴克咖啡经营客户的例子。

【案例二：茑屋书店的客户经营之道】

茑屋书店利用消费者数据平台，通过对目标客户群体的个人喜好与购买习惯进行分析，配合利用专业选书团队，在各个领域搜集精品书目，实现精准定制选书。同时，门店采用客户管理系统，POS机与书籍上的电子标签实现联动，实时记录、存储、分析读者的购书数据信息，更好地洞察客户的阅读偏好，及时调整选书方案。

书架由低到高的排列，弱化了书架对视线的阻碍感觉，让读者可以轻松找到想要的图书。所有书籍均可随意翻阅浏览，周围随处放置沙发、茶几等供读者使用，店内带有明显卖场环节的因素均被略去，几乎没有广告，为用户营造出舒适的读书空间，而非卖场。

茑屋书店还储备了一批知识经验丰富的专家作为导购长期驻店。比如，旅游区导购有旅游专栏的记者，而料理区导购则是料理界的知名人士。导购根据与客户的沟通和自身经验，充分挖掘读者的喜好和心理需求，提供定制化的购书建议。

同时，书店还设有星巴克咖啡吧，周围还设有餐厅，读者可将书带到这些区域阅读，只要阅读之后完璧归赵即可。这样的经营模式可以最大限度地拉长客户在书店的逗留时间，不仅会给书店带来稳定的经营收入，也会增加额外消费。

经营客户的四大要素

随着时代的发展，无论是以“阿里巴巴”为首的新零售，还是传统品牌商，要想经营好客户，就必须抓住以下 4 个关键要素（图 8-4）。

图 8-4　经营客户的4大要素

1. 识别客户

在门店里面装上摄像头、红外线，来确定到店的具体用户数量，进来的用户都是潜在的消费群体，多维度、多方位来分析客户进店量。

比如，在门店里装了摄像头之后，就可以分析用户的线下数据，可以从几个维度出发，有多少人进了店、有多少人用了试用装、有多少人购买了产品，通过这些维度就可以反映客流情况。如果没有这个分析的话，销售数据好不好就没有可靠的依据来源。

2. 洞察客户

通过洞察到店的用户，来判断用户的属性和特征及消费者的结构。

比如用户的停留时间。当用户到店后，只是观望了一下，马上就离开，说明我们的产品与客户的需求不匹配。如果停留的时间很长，说明用户对我们的产品比较满意。

比如客户在店内的行走轨迹。通过用户行走轨迹的数据来调整用户需求货品的陈列，这是线下数据给零售带来的直接作用。

3. 服务客户

找到可以去服务的用户，通过沟通交流和介绍产品，找到用户的需求，并尽可能地满足他们。

比如某品牌空调经常要做品牌推广活动，完全不清楚自己的客户群体分布在哪个片区，只能凭经验尽量找一些人多的地方进行品牌推广，可是带来的效果却并不理想。

所以，通过线上、线下数据，我们就能分析出客户的性别、家庭住址等信息，而这些数据标签能帮助品牌商精准找到定位，达到产品推广和品牌宣传的目的。

4. 触达客户

通过会员制的传统方式，留下用户的手机号，有一些优惠活动或打折信息直接可以发送给客户，这样有助于提高门店的客户量和销售额。当打通了线上、线下的数据，将会对已有的会员库存进行补充，最终让识别用户、洞察用户、服务用户和触达用户这 4 个方面完美结合起来，这将创造出更多的价值。

线上数据行为和线下数据行为产生的结果是不同的。比如一个客户在线上搜玛莎拉蒂，至于他会不会买、什么时候买、我们没法估计，只能把他当做一个潜在客户。但若这个人最近去了玛莎拉蒂的实体店，就说明他有实实在在想买的意向。

线上的数据可以让我们发现潜在客户，玛莎拉蒂可能会在潜在客户愿意选择的线上渠道或互动平台投放宣传广告，诱导潜在客户产生购买意愿。如果潜在客户到实体店体验，说明线上的转化很有效。线上和线下数据的整合，就可以评估出线上不同广告投放渠道的转化率以及线下客户到店的实际消费价值。

我们再拿星巴克咖啡的“点子平台”来说明。

【案例三：星巴克的“点子平台”】

星巴克咖啡利用互联网大数据平台建立与顾客之间的深度互动，其中打造的一款“我的星巴克点子”主题平台，获得了极大的市场反响，增加了顾客的黏性。

星巴克与顾客通过平台互动交流，采纳顾客的点子建议，顾客不仅可以秀出自己对星巴克的好点子和创意，提出自己的意见，更有趣的是还可以对其他顾客分享的点子进行评价和留言。而且星巴克非常重视经营客户，对顾客的每一个点子都会有反馈的通道和平台流程展示，顾客可以看到每一个点子或者建议的处理进度。

“我的星巴克点子”平台包括四大板块：点子或建议、分类投票、在线互动、处理进度。平台推出半年，就收集了约75000条点子或建议，而且顾客参与互动的评论、留言、投票更是数以百万计。

同时，星巴克特意安排了许多来自各个流通环节的专业人士，倾听顾客的心理需求和对产品有益的点子，从专业角度与顾客形成深度互动交流和沟通，建立黏性很高的顾客关系。

对于一些实用的好点子，星巴克会及时采纳并给予奖励，比如环保杯套。还有顾客建议封闭杯盖上的小孔避免咖啡外溢，星巴克迅速采纳并设计了“防溢出小棒”。

因为这个平台，星巴克给顾客提供了一个展示自己和成就自己的舞台，而且还收获了意想不到的点子和灵感，优化产品、改进服务，提升整体顾客感受。最关键的是，能够与顾客深度互动，搭建了顾客与星巴克的亲密关系平台，星巴克的品牌形象也获得了极大提升。

星巴克就是想建立这样一个可以让潜在顾客了解、认识星巴克的空间和通道，可能线上参与的顾客有些并没有尝试过星巴克咖啡，但因为“点子平台”的引导，让潜在顾客感受到星巴克的服务和互动以及愿意倾听顾客建议的真诚举动。接下来，潜在顾客随时有可能转化为到星巴克体验消费的真实顾客。

同时，潜在顾客线上的互动数据又可以与线下实体店的消费数据连通，形成经营顾客的闭环管理。线上的点子建议、反馈采纳或投票评价留言，都是星巴克设计的识别、洞察、服务顾客的环节，正是因为有了这些抛砖引玉的措施，才促成了触达顾客的实现。

而登录平台的顾客也会产生这种心理反应：线上的感受是真实的吗？星巴克到底有哪些好的地方吸引顾客去体验？顾客的好点子真的会被采纳并付诸实施吗？带着这些疑惑，潜在顾客的消费体验欲望被无限放大，去买一杯星巴克咖啡尝尝就成了顺理成章的事。

由此可见，线下用户的行为数据更能精确反映一个用户的消费意向和行为，如果只是单纯的线上数据，只会浪费更多的广告费。

门店在做精细化运营的时候，可以通过客流数据和用户分析数据来打通整个闭环，传统营销模式是用户进店，然后留下手机号码，最后注册会员的一个过程。到了新零售时代，营销不再走短线的经营，不仅变得多样化，而且更便捷，只要用户到门店，就可以直接成为会员，可随时随地触达营销。

比如今天到了玛莎拉蒂的4S店，回家之后就在今日头条上看到它的广告，进而加强了客户的购买欲望，最终实现了线上渠道销售的目的，这也是新零售与传统门店相结合，最终获取的价值体现。

总之，抓住以上4个方面的要素，打通客户的线上、线下为行数据，可以帮助品牌商更好地统计客流、分析用户、触达营销。通过可识别、可触达、可服务、可洞察，最后形成深度地经营客户。

解决方案

很多品牌商现在需要面对的已经不再是利润多少的问题了，而是生死存亡的关口。面对新零售时代的快速博弈，品牌商要如何走出新营销之路？答案就是数据化转型升级，建立品牌营销自闭环。

我们发现这个时代，用户数字化、门店数字化、生产数字化、渠道数字化、供应链数字化、营销数字化，数字化已经成为新零售的核心驱动力。

品牌商的数字化转型，是品牌商迭代和再造自己的新营销模式，而这些必须通过大数据赋能助力用户体验场景的打通，实现目标顾客价值的数据共享、整合和增值。

数据驱动已经发展到第三个阶段，从全面数据化到数据赋能，再到智慧赋能，通过数据分析形成有价值的定制化数据产品，推动供应链和场景升级，直到创新零售生态。

下面跟大家简单说说新零售生态下打通数据的解决方案。

【案例：阿里巴巴、腾讯的新零售生态】

新零售概念由马云提出，阿里巴巴对新零售的关注和兴趣由来已久，早就做好了充分的准备。早在大家都意识到新零售时代来临之前，阿里巴巴就已经开始大范围的谋划布局。

比如，投资银泰杀入百货业、投资苏宁玩转3C家电连锁业、与百联合作完成超市便利店布局、收购大润发完成大型商超卖场的布局等。阿里巴巴在新零售的目标很明确，线上电商与线下实体门店的嫁接，打通数据、打通渠道，形成闭环。

腾讯也开始布局实体门店，直接持股永辉超市。腾讯借永辉超市布局线下商超，实现移动支付业务和线上电商业务的商超场景体验，并形成线下新的流量入口。

永辉超市在导流腾讯线上流量之际，同时让自己刚刚起步的“新零售”模式——永辉“超级物种”“永辉生活”等得到腾讯线上大数据的支持。

品牌商的新营销解决方案

关于品牌商的转型升级，凭我们多年的研究和经验，认为新零售时代品牌商的新营销解决方案应从以下三个步骤来实施（图8-5）。

图 8-5 新营销解决方案3个步骤

1. 抓住品牌商痛点

比如百事可乐、统一、徐福记等品牌商就属于传统品牌商，他们最大的痛点是用户数据的含糊不清及强势的线下渠道商。前者是指线下渠道商的数据，目前依然还是给品牌商提供销售额的状况；后者是指大型售卖机构把控着上货数量和货架位置，渠道商自身带有的强势压迫感，使彼此之间很难平起平坐。除此之外，品牌商还不清楚用户肖像、属性和购买能力等基本营销数据。

拿用户肖像展开来讲，目前线上可以调取清晰的用户肖像。如果品牌商有自己的直营店，在用户进店的时候，直接可以通过人脸识别和热传导拿到用户肖像的数据。但是传统渠道商，想要拿到线下数据，可不是件简单的事。

2. 解决痛点的定制化服务

在帮助品牌商收集营销数据的时候，可以在货柜屏幕或货架中安装位移传感器，并安装人脸识别装置。

品牌商在收集数据后要进行分析，然后做出正确的营销行为。可以让用户通过手机扫码来推送产品，或者交流互动来引导用户购买，又或者通过用户行为数据分析，进行二次营销。这些都是针对痛点的定制化服务。

3. 定制化服务闭环

第一个闭环是指收集数据、处理标注、分析品牌商、分析结果的一系列营销行为。在这个闭环中，智能货架不仅是收集用户数据的平台，也是品牌商推送产品的直接渠道。

第二个闭环是品牌商线下收集到的数据通过云服务的软件平台进行加工和处理。初期阶段以数据标注和传输为主，品牌商相关部门进行数据的分析和研究。后阶段主要以软件算法和数据处理为主，利用企业软件进行服务。

品牌商若要提高数据价值，必须在现有领域内具备专业技能，以数据为载体，进行定制化服务。未来品牌商的数据运用，不仅是进行数据分析、数据标注和数据处理，还可以从收集线下数据开始，建立行业分析的咨询服务平台。

新零售时代，很多品牌商已经学会用数据来提升零售运营效率。每个企业的生态各不相同，建立自己的闭环营销路径大相径庭，企业需要适时打通线上、线下数据，数据赋能洞察客户需求，创新客户关系思维来经营好客户，实现品牌商的营销闭环。

参考文献

[1] 菲利普·科特勒，凯文·莱恩·凯勒 . 营销管理 [M]. 何佳讯，于洪彦，牛永革，等译 . 上海：上海人民出版社，2017.

[2] 吴声 . 场景革命：重构人与商业的连接 [M]. 北京：机械工业出版社，2015.

[3] 刘润 . 新零售：低价高效的数据赋能之路 [M]. 北京：中信出版社，2018.

[4] 刘春雄 . 新营销 [M]. 北京：中华工商联合出版社，2018.

[5] 刘旷 . 新零售实战 [M]. 北京：清华大学出版社，2019.